Hannelore Fischer-Reska

Die magische Kraft von
Kristallsalz & Wasser

LUDWIG

Inhalt

Bewegtes Wasser: Vitales Wasser bildet viele kleine Wirbel- strukturen aus – ein Zeichen für seine bio- logische Qualität.

Faszinierend: Masaru Emoto fotografierte die kristalline Struktur von Wasser aus einer rei- nen Quelle (Sanbuichi-Quelle).

Rötlich bis gelblich schimmernd – Kristall-salz entstand durch die Austrocknung der Urmeere in besonderer kristalliner Form.

Meersalz – dieses Natursalz wird meist in so genannten Salzgärten in der Nähe der Küste gewonnen.

Wasser und Salz

Die Thalassothera-
pie ist keine neue
Erfindung. Ihre Vor-
läufer sind schon
jahrhundertealt.
Ihre Ursprünge sind
eigentlich noch viel
älter – schon dem
griechischen Dich-
ter Euripides war
bekannt: »Das Meer
heilt die Krankhei-
ten der Menschen.«

Schon der griechische Arzt Hippokrates (460–375 v. Chr.), der Begründer der Medizin, verschrieb Meerwasser zur Heilung von Krankheiten. Im 18. Jahrhundert entstanden in England und Frankreich die ersten Meerwasser-Kuranstalten, in denen mit innerlichen und äußerlichen Anwendungen rheumatische Krankheiten, Anämie und Infektionen behandelt wurden.

1904 publizierte René Quinton das erste wissenschaftliche Buch über die Vorteile des Meerwassers: »L'eau de mer, milieu organique«. Darin legte er dar, dass jede lebende Zelle in einem physiologischen Milieu »badet«, das dem Meerwasser gleicht. Auch unser Körper besteht – genau wie die Meere – aus sieben Zehntel Salzwasser. Zudem wies er nach, dass die menschlichen weißen Blutkörperchen im Meerwasser weiterleben, während sie in jedem anderen Milieu verenden. In vielen Experimenten mit Tieren wies er nach, dass Blut durch Meerwasser teilweise ersetzbar ist.

Wasser und Salz –
Grundlagen des Lebens.

Quelle des Lebens

Das Thema »Wasser und Salz« hat mich schon immer fasziniert. Und es gibt wahrscheinlich kein Buch und keine Information über Wasser, die ich nicht voller Interesse gelesen hätte. Es gehört zu meinen Basisempfehlungen an meine Patienten, dass sie täglich zwei Liter reines Wasser trinken sollen. Zur Initialentgiftung empfehle ich abgekochtes Wasser, wie es im indischen Ayurveda seit 2000 Jahren gelehrt wird.

Zum Würzen von Speisen empfiehlt sich in der Sonne getrocknetes Meersalz, da es alle 84 Elemente enthält, die in unserem Organismus nachgewiesen werden können. In letzter Zeit ist viel über die wunderbaren Wirkungen von Kristallsalz (das ja auch Meersalz ist, nämlich Salz aus den Urmeeren) zu hören. Viele Menschen haben daraufhin angefangen, ohne den Rat eines (Natur-)Arztes oder Heilpraktikers täglich Kristallsalzsole zu trinken. Oft mit Erfolg – doch oft auch mit Verschlechterungen des Befindens, mit denen sie dann nicht umgehen können. Zunehmend kommen Patienten in meine Praxis, welche die auf eigene Faust verabreichte

Sole (zum Teil auch Salzbäder) mit gravierenden Gesundheitsproblemen bezahlen.

Vorsicht mit Soletrinkkuren!

Vor allem die Nieren sind bei unsachgemäßer Salzzufuhr betroffen. Gerade in unserer heutigen Zeit sind die Nieren mit vielen Umweltgiften, Schwermetallen und deren Salzen, Pestizid-, Medikamenten- und Hormonrückständen belastet. Tag und Nacht müssen sie Säuren und Schadstoffe ausfiltern. Und die Nieren können leider nicht – wie etwa die Leber – Organteile einfach abschalten, die sich dann wieder regenerieren. Deshalb gibt es immer mehr und immer jüngere Dialysepatienten.

Hinzu kommt: Die Nieren schmerzen nicht, wenn sie schwach sind – d. h., die Betroffenen merken nichts. Anders als etwa bei einer akuten Blasen- oder Nierenentzündung kommt es nicht zu Schmerzen, und es sind keine Bakterien im Urin nachweisbar. Auch auf Röntgenbildern und Computertomogrammen ist zunächst nichts zu erkennen. Wenn die Nieren aber unmerklich schwächer werden,

kann es passieren, dass sie plötzlich ihren Dienst einstellen. Es kommt dann zu Blutdruckerhöhungen und im Extremfall zur Niereninsuffizienz bzw. zum Nierenversagen.

Schwache Nieren werden von Salz – auch wenn es noch so gesund und naturbelassen ist – immer belastet. Erste Hinweise, die Sie alarmieren sollten, sind: Schwellungen unter den Augen bzw. an Händen und Beinen. Auch die Gesichtsfarbe kann sich nach Blassgrau hin verändern.

Immer eine Frage der Dosis und der Kontrolle

Dieses Buch ist ein Leitfaden, in dem Sie alle wichtigen Informationen über Wasser und Salz erhalten. Es enthält auch Anwendungen mit Natursalz – doch sollten Sie bei innerlichen Anwendungen (Soletrinkkuren) von Selbstversuchen absehen, damit die durchaus positiven Möglichkeiten einer Salztherapie nicht ins Gegenteil umschlagen. Bitte bedenken Sie hierbei: »Was für den Schmied gut ist, zerreißt den Schneider.« In diesem Sinn wünsche ich Ihnen viel Anregung bei der Lektüre.

Hannelore Fischer-Reska

Möglichkeiten, eine Nierenschwäche zu erkennen, sind die Kirlian-Fotografie, die bioelektrische Funktionsanalyse und andere Testverfahren, die von Naturheiltherapeuten als Diagnosemittel eingesetzt werden.

Urquell und Urgewalt Wasser –

ob salzig oder süß, Wasser ist das faszi-

nierende Fluidum unserer Existenz

Wasser – Grundlage *allen* Lebens

Wasser bestimmt alles Leben. Ohne Wasser würde unser Planet nicht sein einzigartiges tiefes Blau besitzen, es gäbe keine Ökosysteme und Klimazonen, keine bio-geo-chemischen Kreisläufe, wie z. B. Kohlenstoff- oder Stickstoffzyklen, und damit keine Lebensgrundlage für Pflanzen, Tiere und Menschen. Doch so unschätzbar sein Wert für uns und die Erde auch ist – bis heute birgt das Wasser noch viele Geheimnisse. Schon seit Jahrhunderten versuchen Forscher dem facettenreichen Wesen des Wassers auf die Spur zu kommen. Auch wenn gerade in den letzten Jahrzehnten einige verborgene Kräfte entschlüsselt werden konnten, so stellt Wasser die Wissenschaftler auch heute noch vor große Herausforderungen.

Der ewige Kreislauf des Wassers

Das Leben auf der Erde stammt aus den Urozeanen: Hier nahm die Evolution ihren Anfang, die heute in Gestalt des Menschen ihren Höhepunkt erreicht zu haben scheint. Vermutlich irgendwann zwischen 4,4 und 4 Milli-

arden Jahren regneten die Meere eines Tages buchstäblich vom Himmel herab. Bis dahin befand sich das Wasser ausschließlich in der Atmosphäre, wo es bei extrem heißen Temperaturen in Form von Dampf vorlag. Erst als es zu einer deutlichen Abkühlung kam, konnte das Wasser kondensieren, sich zu riesigen Wolken formieren und schließlich sintflutartig auf die Erdoberfläche hinunterregnen – womit ein genialer Kreislauf in Gang gesetzt wurde, der sich bis heute nicht geändert hat.

Wasser – fest, flüssig, gasförmig

Dieser so genannte hydrologische Kreislauf bringt eine ständige Umwälzung des Wassers mit sich und sorgt dafür, dass – unter Einfluss der Sonnenwärme – täglich fast 900 Kubikkilometer Wasser von den Ozeanen in den Himmel aufsteigen, bevor sie wieder als Regen fallen. Dass der globale Wasserkreislauf überhaupt möglich ist, ist der einzigartigen Eigenschaft des Wassers zu verdanken, dass es verschiedene physikalische Formen annehmen kann: fest, flüssig und gasförmig. Kein anderer Stoff ist

Etwa 900 Kubikkilometer Wasser befinden sich auf der Erde in einem stetigen Kreislauf. Ohne die Gebirge und die Eiskappen der Pole wäre der ganze Planet völlig mit Wasser bedeckt, das mindestens zwei Kilometer hoch wäre.

Voraussetzung des Blauen Planeten: Wasser in seinen verschiedenen Erscheinungsformen.

Wasser kommt auf der Erde in drei Aggregatzuständen vor: gasförmig als Wasserdampf, flüssig und fest in Form von Eis.

wie das Wasser in der Lage, durch Wärmeeinwirkung in Dampf überzugehen, bei Abkühlung wieder in einen flüssigen Zustand zu kondensieren und bei Temperaturen unter dem Nullpunkt zu gefrieren, also in einen festen Zustand überzugehen. Letztlich wird alles Leben auf unserem Planeten von diesen wechselnden Erscheinungsformen des Wassers bestimmt: Selbst immer im Fließen begriffen, ist das Wasser nicht nur unverzichtbarer Bestandteil des dynamischen Prozesses der sich beständig wiederholenden und erneuernden Natur – als ausgezeichnetes Lösungsmittel ist es an fast allen geologischen und biologischen Kreisläufen beteiligt, ohne die wir nicht existieren könnten. Und schließlich ist das Wasser in allen höheren Lebewesen dieses Planeten in großen Mengen selbst allgegenwärtig und erfüllt lebensnotwendige Aufgaben – und das rund um die Uhr, in jedem Augenblick unseres Daseins.

Die Meere – mächtige Herrscher des Planeten

Wir leben auf dem Blauen Planeten, dessen Oberfläche von mehr als zwei Dritteln mit flüssigem Wasser bedeckt ist. Genau genommen besteht die Erde also fast nur aus Meer. Viele sind sich dieser Tatsache wahrscheinlich gar nicht richtig bewusst; denn lebt man nicht gerade an der Küste, spielt sich für die meisten von uns das Leben primär auf dem »sicheren« Festland ab. Und so bekommen nicht wenige allenfalls als »Küstentouristen« eine Ahnung von der erhabenen Kraft und der endlosen Weite des Meeres.

Doch auch der direkte Kontakt mit dieser Urgewalt weckt offenbar nicht automatisch »Beschützerinstinkte«; die Beträge in Millionenhöhe, die die Kommunen der klassischen Urlaubsdomizile alljährlich in die Reinigung von Stränden und Gewässern investieren, legen ein beredtes Zeugnis davon ab. Die Verklappung von Chemikalien, die Einleitung von Abwässern und schmierige Ölteppiche auf dem Wasser zeigen, dass es mit dem Respekt vor dem Ökosystem Meer nach wie vor nicht zum Besten steht.

Mangelnder Respekt vor Wasser und Umwelt

Vielleicht ist diese Ignoranz gegenüber der Vorherrschaft der Meere einer der Gründe, weshalb gerade unsere heutige Zivilisation so große Schwierigkeiten hat, ein tieferes Verständnis dafür zu entwickeln, dass die Menschheit durch viele ihrer Aktivitäten auf Dauer Gefahr läuft, ihre eigene Existenz und vermutlich auch die des gesamten Planeten ernsthaft zu gefährden. So z. B., indem sie Gewässer – ohne Rücksicht auf ökologische Katastrophen für die betroffenen Gebiete – staut, begradigt oder einfach trockenlegt. Oder indem sie es in Kauf nimmt, mit der weltweit immer noch zunehmenden Freisetzung von Kohlendioxid durch Abgase den natürlichen Treibhauseffekt zu verstärken, der früher oder später in einigen Teilen der Welt infolge stärkerer Niederschläge zu gewaltigen Flutkatastrophen und in regenarmen Regionen zu einer Ausbreitung der Wüste führen könnte. Oder indem sie durch Sondermülldeponien, Industriedreck und den Einsatz aggressiver Chemikalien in der Landwirtschaft den Erdboden und damit auch das Grundwasser immer stärker verunreinigt und so riskiert, sich irgendwann buchstäblich selbst das Lebenselixier Wasser abzugraben. Wir werden später noch einmal auf die fatalen Konsequenzen dieser in vielerlei Hinsicht allzu sorglosen Haltung zu sprechen kommen. Vorerst sei gesagt, dass die Natur zwar über enorme Reinigungskräfte verfügt, dank deren z. B. ein Großteil der Schadstoffe auf ihrem Weg ins Grundwasser abgefangen werden kann, dass jedoch auch die effektivste natürliche Filterung über kurz oder lang versagen muss, wenn sie überfordert ist.

Wasser – salzig und süß

Dominanz des Salzwassers

Der größte Wasseranteil der Erde befindet sich mit etwa 94 Prozent als Salzwasser in den Meeren, das sich ständig von einem Ort zum anderen bewegt. Die räumliche Verteilung der Ozeane ist letztlich willkürlich und kann sich zumindest theoretisch jederzeit ändern, denn die tektonischen Platten, die dort, wo sie sich über den Meeresspiegel erheben,

Im hydrologischen Kreislauf wird Wasser als Dampf, Flüssigkeit und Eis transportiert. Wasserdampf, der über den tropischen Meeren aufsteigt und in Wolken kondensiert, trägt wesentlich zur Erwärmung der Atmosphäre bei.

Bedrohte Tierwelt: Die großen Eisschollenabbrüche in der Antarktis zeigen, wohin eine globale Erwärmung führen kann.

Kontinente und Inseln bilden, verschieben sich ständig. Ebenso könnten klimatische Veränderungen früher oder später eine »Ausdehnung«, aber auch ein »Zurückziehen« der Meere bewirken. So lag der mittlere Meeresspiegel während der letzten Eiszeit (vor ungefähr 15 000 Jahren) etwa 120 Meter tiefer als heute, was bedeutete, dass z. B. Neuguinea zu dieser Zeit mit Australien noch einen Festlandsstreifen bildete.

Dagegen könnte eine globale Erderwärmung – infolge des erwähnten Treibhauseffekts – dazu führen, dass das Polareis schmilzt und damit der Meeresspiegel erheblich ansteigen würde. Ganze Küstengebiete und Inseln würden in der Folge dieser Erwärmung buchstäblich im Meer versinken.

info

Unter Treibhauseffekt versteht man die Aufheizung der Erdatmosphäre durch die Verbrennung fossiler Brennstoffe wie Kohle, Erdöl oder Erdgas, bei der Kohlendioxid freigesetzt und in der Atmosphäre angereichert wird.

Süßwasser – eine Rarität

Wenngleich die ersten Lebensformen in den Ozeanen entstanden, so ist das Meerwasser wegen seines starken Salzgehalts für uns Landbewohner ungenießbar. Da es das osmotische Gleichgewicht zwischen den Körperzellen und der sie umgebenden Flüssigkeit durcheinander bringt, kann Salzwasser, in großen Mengen getrunken, sogar tödlich sein. Glücklicherweise verfügt die Erde über ein natürliches Reservoir an Süßwasser, das allerdings mit lediglich etwa 3,5 Prozent einen denkbar geringen Anteil der gesamten Wassermenge ausmacht. Von diesem sind wiederum nur 0,6 Prozent über Seen und Flüsse zugänglich; ein Teil ist in den Eisschilden und Gebirgsgletschern eingefroren. Das übrige Süßwasser befindet sich zum größten Teil als Grundwasser in den tieferen Erdschichten verborgen.

Das Grundwasser speist sich aus Regenwasser, das in den Boden bis hinunter auf die undurchlässige Schicht des Grundgesteins sickert. Auf diesem Weg wird es von Schadstoffen und anderen belastenden Substanzen gereinigt.

Trinkwasser – das wichtigste »Lebensmittel«

Sauberes Trinkwasser ist die Grundvoraussetzung unserer Existenz: Nur wenige Tage ohne Trinkwasser – und unser Leben erlischt. Ebenso ist Trinkwasser für die Lebensmittelindustrie und weitgehend auch für die Landwirtschaft unverzichtbar – womit sauberes Trinkwasser faktisch auch unsere Ernährung sichert. Deshalb ist es von größter Bedeutung, dass unser Trinkwasser von hoher Qualität ist: Ob chemische Giftstoffe, Schwermetallionen oder Krankheitskeime – sie alle können sich über das Trinkwasser unmittelbar auf die Gesundheit auswirken. Dies gilt auch für Körperpflege, Hygiene und Badekultur, weshalb nicht nur das Wasser von Frei- und Hallenbädern, sondern auch natürliche Gewässer, die zum Baden genutzt werden, einer strengen Kontrolle unterliegen.

Qualitätsprodukt Trinkwasser

Rund 6600 Wasserversorgungsunternehmen garantieren in Deutschland, dass das Wasser, das täglich zu mehreren hunderttausend Litern aus den Hähnen sprudelt, als Trinkwasser geeignet ist. Die Wasserwerke sind gesetzlich verpflichtet, genau nach den strengen Vorschrif-

Zwar sind die natürlichen Selbstreinigungskräfte des Wassers in der Lage, viele Abwasserschadstoffe abzubauen. Bedenklich ist es allerdings, wenn in der Nähe von Badestellen Abwasserleitungen liegen.

Wo kommt das Trinkwasser her?

In Deutschland werden verschiedene Ressourcen zur Trinkwassergewinnung genutzt:

- Grundwasser (Wasser aus den tieferen Schichten des Erdbodens, mindestens aus einer Tiefe von rund 50 Metern)   64 %

- Oberflächenwasser (Wasser aus fließenden Gewässern, Talsperren und Seen)   27 %

- Quellwasser (Wasser/Grundwasser, das aus einer oder mehreren unterirdischen Quellen selbst zutage tritt)   9 %

info

Ab 1. Januar 2003 gilt in Deutschland eine neue Trinkwasserverordnung, bei der die europäischen Trinkwasserrichtlinien in nationales Recht umgesetzt werden. Eine der Neuerungen: Die Überwachung von Installationen in Schulen, Krankenhäusern und anderen öffentlichen Einrichtungen untersteht den öffentlichen Gesundheitsämtern.

ten vorzugehen, wie sie in der Trinkwasserverordnung (TVO) festgelegt sind. Sie schreibt u. a. vor, welche Stoffe in welchen Konzentrationen enthalten sein dürfen, wie und wie oft Trinkwasser kontrolliert werden muss. Damit ist das Trinkwasser in Deutschland das am besten kontrollierte »Lebensmittel« überhaupt. Tatsächlich sind die Grenzwerte der deutschen TVO z. B. für Arsen, Blei, Nitrat, Nitrit, Quecksilber, Pestizide oder Fungizide, aber auch für Keime vorbildlich niedrig. Denn nicht nur die Beseitigung von chemischen Schadstoffen, sondern auch die mikrobiologische Reinheit ist eine Grundvoraussetzung für Trinkwasserqualität.

Gemäß der Trinkwasserverordnung müssen auch physikalische Einheiten, wie z. B. pH-Wert, Härtegrad (also der Anteil an Kalk) oder Trübung des Trinkwassers, regelmäßig kontrolliert werden.

Aufwändige Trinkwasserzubereitung

Nicht jedes Rohwasser, so der Fachbegriff für dasjenige Wasser, aus dem Trinkwasser wird, erfüllt auf Anhieb die Qualitätsanforderungen der TVO. Meist wird es aus oberflächennahem Grundwasser bzw. Seen- oder Flusswasser entnommen – weshalb oft eine mehr oder weniger aufwändige Aufbereitung im Wasserwerk erforderlich ist, bevor es ins Leitungsnetz gegeben werden kann.

● Stammt das Wasser aus wenig belasteten Gebieten, reichen meist einfache Aufbereitungsverfahren wie Sieben und nachfolgende Sedimentation (Absetzen der Feststoffe aus dem Wasser) zur Beseitigung natürlicher grober Schmutzpartikel.

● Eine wichtige Rolle spielt die Filtration, durch die chemische und sonstige Fremdstoffe mittels spezieller Filtermaterialien (z. B. Quarzsand oder Aktivkohle) aus dem Rohwasser entfernt werden. So ist etwa die Aktivkohlefiltration vor allem dann notwendig, wenn das Rohwasser Rückstände von Pestiziden, halogenierten Kohlenwasserstoffen und anderen wassergefährdenden Substanzen aufweist. Dabei lagern sich die im Wasser gelösten organischen Inhaltsstoffe in der porösen Struktur der Aktivkohle an und werden auf diese Weise dem Wasser entzogen.

○ Störende Eisen- und Mangan-ionen, die im deutschen Wasser häufig vorkommen, werden durch konventionelle Maßnahmen wie Belüftung, Sand- oder Kiesfiltration, aber auch durch Oxidation oder den Einsatz von speziellen Mikroorganis-men aus dem Rohwasser entfernt; diese Vorgänge werden als Enteisung und Entmanganung bezeichnet.

○ In den letzten Jahren stellt der sin-kende pH-Wert des Rohwassers, wodurch das Wasser sauer wird, zunehmend vor Probleme. Wasser mit einem pH-Wert unter 7, 3 kann z. B. die Materialien der Wasserrohre an-greifen, wodurch schädliche Stoffe gelöst werden und ins Trinkwasser gelangen. Außerdem wirkt sich sau-res Trinkwasser negativ auf den Säu-re-Basen-Haushalt aus. Entsäuert wird es durch Belüftung, Filtration oder mittels Kalziumkarbonat.

Chlor – unbedenklich oder schädlich?

Um zu gewährleisten, dass das Trink-wasser keimarm ist, wird ihm in man-chen Gegenden zur Desinfektion Chlor zugesetzt. Nach der Trinkwas-serverordnung darf der Chlorgehalt 0,3 Milligramm pro Liter bzw. der Chlordioxidgehalt 0,2 Milligramm pro Liter nicht überschreiten. Nur wenn das Wasser stark mikrobiolo-gisch belastet ist, kann der Grenz-wert auf 0,6 Milligramm pro Liter angehoben werden. Auch wenn

Der niedrige pH-Wert des Rohwas-sers ist eine Begleit-erscheinung des so genannten sauren Regens, mit dem auch das Waldster-ben in Verbindung gebracht wird.

Tod durch verseuchtes Wasser

Laut einem Bericht der UNO von 1999 sterben jährlich ca. 5,3 Millio-nen Menschen aus Mangel an sauberem Trinkwasser. Tatsächlich verfü-gen 1,2 Milliarden Menschen in den Entwicklungsländern über keinen Zugang zu sauberem Wasser. Und so sterben heute noch Hunderttau-sende, insbesondere Kinder, an den Folgen von Krankheiten, die durch verunreinigtes (Trink-)Wasser übertragen wurden. Grund für die Ver-schmutzung ist vor allem das Fehlen angemessener sanitärer Einrich-tungen und Abwasseranlagen. Typische Infektionen durch verseuchtes Wasser sind Cholera, Ruhr, Typhus, Hepatitis und Guineawurm.

Eine Wasseruntersu-
chung auf Schwer-
metalle nehmen
die städtischen
Gesundheitsämter
sowie das Labor der
Zeitschrift »Öko-
test« oder die Stif-
tung Warentest vor.

Chlorgeruch und -geschmack oft unvermeidbar sind, galt die Chlorierung von Wasser bislang als gesundheitlich unbedenklich. Inzwischen mehren sich jedoch kritische Stimmen, die davor warnen. So hat erst kürzlich das Staatliche Institut für Gesundheitswesen in Norwegen den regelmäßigen Genuss von Trinkwasser, das mit Chlor behandelt wird, mit einer größeren Anzahl von Geburtsfehlern (vor allem Spina bifida) in Verbindung gebracht.

Gefahr aus der Leitung

Dass trotz aller Kontrollmaßnahmen nicht immer zweifelsfrei garantiert werden kann, dass das Leitungswasser tatsächlich gesundheitlich unbedenklich ist, liegt vor allem daran, dass die Wasserwerke nur bis zum Hausanschluss für die Qualität des Trinkwassers verantwortlich sind. So stellen bestimmte Materialien der Rohrleitungen nach wie vor ein großes Problem dar: Diese gehen mit Wasser eine chemische Verbindung ein, wodurch sich Metallionen aus den Leitungen lösen und ins Wasser übergehen können. Zwar ist der Vermieter inzwischen per Gesetz dazu verpflichtet, bei einer Grenzwertüberschreitung im Zweifelsfall für eine Neuinstallation von unbedenklichen Rohren zu sorgen – doch viele Mieter wissen oft gar nicht, welches Rohrsystem das Trinkwasser passieren muss, bevor es aus dem Hahn fließt.

Eine besonders große Gefahr geht von Bleirohren aus. Auch wenn sie heute nicht mehr verwendet werden, sind sie in Altbauten immer noch häufig vorzufinden. Schon in geringen Konzentrationen kann Blei eine Anämie (Bleianämie), Angina pectoris sowie Schädigungen der Nerven und Nieren hervorrufen. Ebenso können Kupferrohre – vor allem wenn sie neu installiert sind und sich noch keine schützende Oxidschicht gebildet hat – unter bestimmten Bedingungen (z. B. wenn das Wasser besonders weich ist und/oder einen niedrigen pH-Wert aufweist) gesundheits-

mein tipp

Die folgenden homöopathischen Behandlungen verhindern Vergiftungen durch Metalle. Sie sollten so lange durchgeführt werden, bis Kupfer- oder Bleirohre ausgetauscht sind.
• Bei Bleirohren: 3-mal täglich 5 Globuli Plumbum D12 (Säuglinge: 1-mal täglich 2 Globuli; Kinder bis 6 Jahre: 1-mal täglich 5 Globuli)
• Bei Kupferrohren: Conium in gleicher Dosierung

schädliche Folgen haben. Schon bei leichter Überdosierung kann es zu Durchfall, Erbrechen, Schwindel und Kopfschmerzen kommen; bei Säuglingen kann eine Leberzirrhose, bei Erwachsenen eine krankhafte, extrem gefährliche Kupferspeicherung in Leber und Gehirn auftreten.

Den geringsten Einfluss auf die Qualität des Trinkwassers haben nach derzeitigem Kenntnisstand Edelstahlrohre. Allerdings sind diese auch besonders kostspielig und werden in Neubauten in der Regel nicht »serienmäßig« verwendet. Eine kostengünstige Alternative sind moderne Kunststoffrohrsysteme.

Mineralwasser & Co.

Anders als das Trinkwasser, das praktisch immer aufbereitet werden muss, bevor es aus dem Hahn fließt, zeichnet sich das Mineralwasser, das aus den Tiefen der Erdschichten stammt, durch seine »natürliche« Reinheit aus, d. h., es muss direkt an der Quelle entnommen werden und darf nur unverändert in Glas- oder Kunststoffflaschen abgefüllt werden. Damit setzt der Gesetzgeber voll auf die Reinigungskräfte der Natur: Während des langen Durchlaufs durch die verschiedenen Gesteins-, Kies- und Sandschichten, der mehrere Jahre,

Da der Kupfergehalt von Wasser aus Kupferrohren durch längere Standzeiten (z. B. über Nacht) stark ansteigen kann, gilt: Lassen Sie das Wasser am Morgen erst einige Zeit ablaufen, bevor Sie es zum Kochen oder Trinken verwenden.

Wasserfilter – das Geschäft mit der Angst

Im Handel sind zahlreiche Wasserfilter für den Privatgebrauch erhältlich, die angeblich chemische Schadstoffe, Blei und Kupfer, aber auch Bakterien aus dem Leitungswasser filtrieren können. Laut einer Untersuchung der Stiftung Warentest (01/2001), bei der elf gängige Wasserfilter getestet wurden, wirken die Filter jedoch – wenn überhaupt – nur eingeschränkt, da einzelne Problemstoffe nicht oder nur teilweise entfernt werden. Hinzu kommt, dass manche Filter sogar selbst Substanzen wie Natrium, Chlorid oder Silber während des Filterungsprozesses an das Wasser abgeben. Eine besondere Gefahr geht von den Filterpatronen aus: Werden sie nicht regelmäßig gewechselt, können gefährliche Keime entstehen, die das Trinkwasser verunreinigen.

manchmal sogar Jahrtausende dauern kann, werden die Fremdstoffe des Oberflächenwassers vollständig herausgefiltert; gleichzeitig reichert sich das Tiefenwasser auf seinem Weg durch die geologischen Schichten mit natürlichen, gelösten Mineralien an. Die unterschiedliche mineralische Zusammensetzung und die Konzentration der einzelnen Mineralien, die gemäß der Mineral- und Tafelwasserverordnung (MTVO) eine festgesetzte Mindestmenge überschreiten müssen, bilden schließlich den Wert und den Geschmack eines Wassers, so dass keines der mehr als 400 Mineralwässer, die derzeit auf dem Markt erhältlich sind, dem anderen gleicht.

> **info**
>
> Die Bezeichnung »natürliches Mineralwasser« ist gesetzlich geschützt. Welches Wasser so bezeichnet werden darf, wird durch die Mineral- und Tafelwasserverordnung (MTVO) geregelt.

Lediglich Kohlensäure, die meist aus derselben Quelle stammt, darf den Mineralwässern zugesetzt werden. Das auf den Etiketten häufig vermerkte »enteisent« bedeutet, dass Eisen herausgefiltert wird, damit das Mineralwasser nicht ausflockt.

Pro und kontra Mineralwässer

Dass Mineralwasser hierzulande inzwischen das beliebteste alkoholfreie Getränk ist, hat gute Gründe. Denn Mineralwasser ist im Allgemeinen gut verträglich, es zeichnet sich durch einen natürlich frischen Geschmack aus, hat keine Kalorien, entzieht dem Körper keine Flüssigkeit (wie etwa Kaffee), ist auch für die Zähne keine Gefahr (im Gegensatz zu Limonade oder anderen gesüßten Getränken) und enthält zudem eine Menge natürlich gelöster Mineralien. Es stellt sich bei Mineralwasser allerdings die Frage, ob der menschliche Organismus tatsächlich vom Überangebot der enthaltenen Mineralien profitiert. Fest steht, dass die anorganische Struktur der aus den Erdschichten entnommenen Mineralien – im Gegensatz zu den in der Humusschicht gebildeten organischen Mineralien, die hauptsächlich in Pflanzenkost vorkommen – vom Organismus nicht optimal verwertet werden kann. Bei näherer Betrachtung ergeben sich auch noch weitere Aspekte, die nachdenklich stimmen.

Großzügige Kontrollvorschrift

Natürliches Mineralwasser unterliegt nicht wie das Leitungswasser den strengen Vorschriften der Trinkwasserverordnung (TVO), sondern der Mineral- und Tafelwasserverordnung (MTVO). Dies hat u. a. zur Folge, dass es – im Gegensatz zum sehr engmaschig kontrollierten Leitungswasser – nur zweimal kontrolliert wird, und zwar einmal, wenn es aus der Quelle abgefüllt wird, und dann noch einmal zwölf Stunden später. Dies bedeutet, dass es allein im Ermessen des Herstellers liegt, ob, wann und wie oft bis zum Verkauf weitere Kontrollen zur Sicherung der mikrobiologischen Reinheit durchgeführt werden.

Ungenaue Regelung der Grenzwerte

Ein weiteres Problem ergibt sich aus der Tatsache, dass die MTVO zwar die Mindestwerte, jedoch nur wenige Grenzwerte für Mineralien regelt. Lediglich wenn das Mineralwasser zur Zubereitung von Säuglingsnahrung geeignet sein soll, gelten verschärfte Vorschriften (z. B. für den Gehalt von Natrium, Fluorid und Sulfat). Ebenso wenig ist die Kennzeichnungspflicht eindeutig festgelegt. Getreu dem Motto, dass Mineralien für den Menschen grundsätzlich gesund sind, wird außer Acht gelassen, dass nicht nur für Säuglinge und Kleinkinder, sondern auch für Erwachsene – vor allem dann, wenn bereits bestimmte Grunderkrankungen bestehen – ein

übermäßiger Genuss von bestimmten Mineralien, z. B. Natrium, Fluor, Mangan, Kupfer oder Selen, gesundheitsschädliche Folgen haben kann; für Säuglinge und Kleinkinder kann eine Überdosierung dieser Substanzen sogar lebensgefährlich sein! Für die Zubereitung von Säuglingsnahrung gilt: Nur Wässer, die besonders mineralarm und nicht mit Kohlensäure versetzt sind, sind geeignet. (Vorsicht: Auch stille Mineralwässer enthalten Kohlensäure! Diese sprudelt nur deshalb nicht, weil sie feinstporig ins Wasser gepresst wird.)

Radioaktivität

Im April 2000 wurde im Auftrag des ARD-Magazins »Plus-Minus« eine Analyse von 19 bekannten Mineralwassermarken durch ein Fachlabor

Wegen einer möglichen Gefährdung des Ungeborenen sollten schwangere Frauen unbedingt auf stark fluorhaltiges Mineralwasser verzichten.

Aqua minerale – kein Mineralwasser gleicht dem anderen.

durchgeführt. Das erschreckende Ergebnis: Fast alle getesteten Mineralwässer wiesen eine hohe, teilweise sogar sehr hohe Belastung mit radioaktivem Radium-226 auf. Der Konsum von radiumbelastetem Wasser wird u. a. mit einer Zunahme von Leukämieerkrankungen bei Kindern in Verbindung gebracht. Nach wie vor gibt es in Deutschland – im Gegensatz zu anderen Ländern der EU oder zu den USA – keine geregelten Grenzwerte für Radioaktivität im Trinkwasser bzw. Mineralwasser.

Sauerstoffwasser – der neue »Zaubertrank«

Seit kurzem ist in den Supermärkten ein neuartiges Wasser erhältlich, das mit bis zu 70 Milligramm reinem Sauerstoff pro Liter angereichert ist. Zum Vergleich: Normales Trinkwasser enthält nur etwa vier bis sechs Milligramm Sauerstoff pro Liter. Durch Zusatz von reinem Sauerstoff wird der O_2-Gehalt des Wassers also mindestens verzehnfacht.

Nach Angaben der Hersteller hat Sauerstoffwasser vor allem einen vitalisierenden Effekt, wodurch u. a. die körpereigenen Abwehrkräfte

Wer sich sein Sauerstoffwasser täglich frisch zubereiten möchte, dem stehen inzwischen verschiedene Sauerstoff-Wasser-Anlagen oder -Heimbereiter zur Verfügung, mit denen das Trinkwasser aus der Leitung mit Sauerstoff versetzt werden kann.

gestärkt, die Fettverdauung verbessert, die Stoffwechselvorgänge angeregt und Kreislaufprobleme gelindert werden sollen. Vor allem aber steigert das Powergetränk anscheinend die körperliche und geistige Leistungskraft, weshalb inzwischen viele Sportler auf die flüssige Extraportion Sauerstoff schwören. Hervorgerufen werden sollen die positiven Wirkungen u. a. durch eine Erhöhung der aktiven Sauerstoffmoleküle im (venösen) Blut. Allerdings sind die Mechanismen, die zu dieser gesteigerten Sauerstoffkonzentration führen, bislang ungeklärt. Ebenso muss vorerst die Frage unbeantwortet bleiben, ob und wie der Darm durch ein Getränk dazu angeregt wird, die Freisetzung von aktiven Sauerstoffmolekülen zu bewirken. Mediziner und Ernährungswissenschaftler vertreten nämlich bis heute die Ansicht, dass nur unser Atmungsorgan, die Lunge, in der Lage ist, Sauerstoff aufzunehmen. Bleibt abzuwarten, ob der vom Bundesinstitut für gesundheitlichen Verbraucherschutz und Veterinärmedizin (BgVV) in Auftrag gegebene Bericht zum Thema »Sauerstoffwasser« neue Erkenntnisse liefert.

Wasser – who's who?

Im Gegensatz zum Tafelwasser müssen Mineralwasser, Quellwasser und Heilwasser direkt an der Quelle abgefüllt werden.

- Natürliches Mineralwasser muss einen Mindestgehalt an Mineralien enthalten, dem Kriterium der natürlichen Reinheit entsprechen und eine ernährungsphysiologische Wirkung aufweisen. Die natürliche Beschaffenheit des Wassers darf nicht verändert werden, sonst muss die Quelle, aus der es stammt, geschlossen werden.

- Quellwasser stammt wie Mineral- oder Heilwasser aus unterirdischen Quellen, doch sind seine Mineralstoffkonzentrationen deutlich geringer. Nach Meinung einiger Wasserforscher eignet sich reines, »reifes« Quellwasser daher am besten zur Deckung des täglichen Flüssigkeitsbedarfs. Deshalb empfehlen sie, das (unbehandelte) Wasser aus einer natürlichen Quelle am besten selbst frisch abzufüllen. Doch Vorsicht: Praktisch in jedem Quellwasser, dessen Qualität nicht ständigen Kontrollen unterliegt, können Schwebstoffe (z. B. Sandkörnchen), aber auch Pestizide, Kolibakterien und andere gefährliche Krankheitskeime enthalten sein, die zu schweren Gesundheitsstörungen führen können. Unbedenklich ist der Genuss von frischem Quellwasser also nur dann, wenn regelmäßig Wasserproben durch das Wasserwerk analysiert werden.

- Heilwasser unterliegt im Gegensatz zu den Mineral- und Quellwässern nicht dem Lebensmittelgesetz, sondern dem Arzneimittelgesetz, d. h., es muss eine aufwändige Genehmigungsprozedur durchlaufen, bei der seine therapeutische Wirksamkeit bei bestimmten Gesundheitsstörungen nachgewiesen werden muss. Oft besitzt das Heilwasser nur wenige Mineralien; diese liegen allerdings oft in sehr hoher Konzentration vor. Schon allein deshalb eignet sich Heilwasser in der Regel nicht als »Durstlöscher«, sondern sollte nur kurmäßig angewendet werden.

- Tafelwasser darf – im Gegensatz zum Mineral-, Heil- oder Quellwasser – mit anderen zugelassenen Mineralien versetzt werden. Über nachweisbare ernährungsphysiologische Wirkungen muss es nicht verfügen; ebenso wenig müssen seine Inhaltsstoffe auf dem Etikett erwähnt werden. Damit ist Tafelwasser im eigentlichen Sinn kein natürliches Mineralwasser, sondern ein industriell bearbeitetes Produkt.

Verschwendung und Verschmutzung

Auch Privathaushalte schädigen das Wasser. Neben dem übertriebenen Einsatz von Reinigungsmitteln werden auch viele Giftstoffe falsch entsorgt (z. B. Verdünnungsmittel achtlos in den Abfluss geleert).

Dank des ständig zirkulierenden hydrologischen Kreislaufs gehört Wasser zu den wenigen natürlichen Ressourcen der Erde, die immer wieder erneuert werden. Dennoch befürchtet die UNESCO, dass die Süßwasservorräte bereits ab 2020 nicht mehr ausreichen werden, um alle Menschen auf der Erde versorgen zu können. Dies würde insbesondere für jene Regionen fatale Konsequenzen haben, in denen der Niederschlag aufgrund der klimatischen Verhältnisse schon immer sehr gering war, also vor allem in den Entwicklungsländern. Von jeher kämpfen diese Länder damit, dass sie nicht kontinuierlich über die notwendige Wassermenge verfügen, um ihre Felder zu bewässern. Ganz anders dagegen die Lage der Bevölkerung in den westlichen Industrieländern: Sie brauchen nur den Wasserhahn aufzudrehen, um sich die Hände zu waschen, den Teekessel aufzufüllen oder ihre Blumenbeete zu gießen.

Umdenken tut Not

Die Deutschen verbrauchen im Durchschnitt etwa 120 Liter Wasser pro Tag. Damit ist der Wasserverbrauch in den letzten Jahren zwar deutlich gesunken, doch ist er immer noch etwa 60- bis 80-mal höher als z. B. in Uganda – wobei der globale Wasserkonsum der Privathaushalte im Vergleich zum Wasserverbrauch durch die Industrie oder die Landwirtschaft noch vergleichsweise gering ist. So kommen weltweit rund 80 Prozent des gewonnenen Wassers in der Landwirtschaft zum Einsatz, ein ausgesprochen hohes Aufkommen, das vermutlich vertretbar wäre, würde dieses Wasser wirklich effizient genutzt, um die Ernährung der Welt zu sichern. Zahlreiche Untersuchungen haben jedoch ergeben, dass die Effizienz der Bewässerungsmethoden weltweit lediglich rund 40 Prozent beträgt. Anders gesagt: Mehr als die Hälfte des Wassers wird vergeudet. Schuld an der fahrlässigen Ver-

info

Trinkwasserverwendung (pro Tag) im Haushalt (Quelle: Forum Trinkwasser):

• Baden/Duschen	46 Liter
• Toilettenspülung	34 Liter
• Wäschewaschen	16 Liter
• Geschirrspülen	8 Liter
• Garten/Reinigung	8 Liter
• Kleingewerbeanteil	11 Liter

schwendung dieses lebenswichtigen Rohstoffs sind nicht nur der Einsatz von unsachgemäßen Techniken und undichten Leitungen(!), sondern auch, dass oft wesentlich mehr Süßwasser für die Bewässerung von Feldern zum Einsatz kommt, als tatsächlich benötigt wird.

Verschiedene innovative Verfahren zur Einsparung von Wasser in Landwirtschaft und Industrie sind schon längst entwickelt und könnten praktisch sofort zum Einsatz kommen. Doch solange sich vor allem die Gesetzeshüter in den Industriestaaten mit Aufklärungskampagnen, gesetzlichen Vorgaben und anderen wirkungsvollen Maßnahmen zurückhalten, die auf eine vertretbare Selbstbeschränkung abzielen, ist es kaum wahrscheinlich, dass die Verantwortlichen sich freiwillig für technische und strukturelle Erneuerungen und Einsparungen öffnen.

Ähnliches gilt im Übrigen auch für die privaten Wasserverbraucher: Solange wir es für selbstverständlich halten, dass für uns das Wasser aus der Leitung unbegrenzt zu jeder Zeit und für jeden Zweck frei verfügbar ist, tragen wir entscheidend dazu bei,

dass wir vielleicht schon in ein paar Jahren nur noch zu festgelegten Zeiten den Wasserhahn öffnen dürfen.

Schadstoffe im Wasser – die schleichende Gefahr

In den letzten Jahrzehnten haben hierzulande zahlreiche Schreckensmeldungen über eine erhebliche Verschmutzung des Grund- und Oberflächenwassers, z. B. durch Pestizid- oder Arzneimittelrückstände, Schwermetalle oder Nitrat, zu einer massiven Verunsicherung der Verbraucher geführt. Kämen wir mit diesen Schadstoffen über das Trinkwasser in Berührung, könnte dies zu erheblichen Gesundheitsbeeinträchtigungen füh-

Wassergroßverbraucher Landwirtschaft: Innovative Bewässerungsverfahren sind für Landwirtschaft und Industrie ein künftiges Muss.

Für die Einhaltung der TVO ist das städtische Wasserwerk verantwortlich. Eine aktuelle Analyse des Trinkwassers kann man kostenlos beim Wasserwerk anfordern.

Wassersparende Maßnahmen im Haushalt

Etwa 40 Liter Wasser werden benötigt, um die Dose einer Gemüsekonserve herzustellen.

Mehr als ein Drittel des persönlichen Wasserverbrauchs geht im Durchschnitt auf das Konto Körperpflege.

- ⚬ Bis zu 5000 Liter Wasser kann ein tropfender Wasserhahn im Jahr an wertvollem Trinkwasser verschwenden, wenn eine Dichtung defekt ist. Vermeiden Sie unbedingt tropfende Wasserhähne!

- ⚬ Mit preiswerten Durchflussbegrenzern an allen Wasserhähnen lassen sich in einem Vierpersonenhaushalt täglich bis zu 15 Liter Trinkwasser einsparen.

- ⚬ Damit nicht unnötig viel Wasser fließt, achten Sie darauf, den Wasserhahn nur so weit aufzudrehen (oder den Hebel bei Einhebelarmaturen nur so weit nach oben zu ziehen), dass nicht die volle Wassermenge heraussprudelt.

- ⚬ Drehen Sie den Wasserhahn zu, wenn Sie das Wasser nicht unmittelbar benötigen, also z. B. während des Zähneputzens oder des Einseifens unter der Dusche.

- ⚬ Duschen statt Baden ist eine effektive Sparmaßnahme – am besten mit modernen Sparbrausen oder Durchflussbegrenzern, die nur maximal zwölf Liter Wasser pro Minute fließen lassen.

- ⚬ Falls Sie eine Geschirrspül- und Waschmaschine kaufen wollen: Geben Sie Geräten den Vorzug, die vom Hersteller als wassersparend ausgewiesen sind (Energielabel A). Das Gleiche gilt für moderne Toilettenspülkästen, die den Verbrauch pro Spülung auf vier bis sechs Liter (ältere Modelle: zwölf Liter) Trinkwasser senken. Auch wenn die Geräte in der Anschaffung etwas teurer sind, amortisieren sie sich meist innerhalb weniger Monate; denn Sie sparen auf jeden Fall an Kosten für Wasser und Abwasser.

- ⚬ Bewässern Sie Blumen- und Gartenbeete mit Regenwasser! Dafür benötigen Sie nicht unbedingt aufwändige Regenwassernutzungsanlagen – auch eine Tonne kann hier wertvolle Dienste leisten.

ren und für Säuglinge und Kleinkinder unter Umständen sogar tödliche Folgen haben.

Verschmutztes Wasser – ein selbst gemachtes Übel

Alle Niederschläge haben Kontakt mit dem Boden. Ist dieser mit chemischen Stoffen versetzt, kommt es über kurz oder lang auch zu einer chemischen Veränderung des Grund- und Oberflächenwassers. Selbst tief gelegene Wasservorräte, aus denen das Mineralwasser stammt, können verschmutzt werden. Zwar schützen uns strenge Verordnungen wie die Trinkwasser- und Mineral- und Tafelwasserverordnung (noch) weitgehend davor, dass diese Schadstoffe in unser Trinkwasser gelangen. Doch ist der Anspruch auf ein sicheres, sauberes Wasser zunehmend schwieriger einzuhalten und erfordert technisch immer anspruchsvollere Aufbereitungsverfahren. Und nicht zu vergessen: Steigende Gewässerbelastungen schaffen die Notwendigkeit, die Aufbereitungsrückstände zu entsorgen. All dies ist sehr teuer, erhöht den Wasserpreis und stellt uns und unsere Umwelt vor immer neue Probleme.

Das Wasser schützen

Eine immer aufwändigere Aufbereitung im Wasserwerk kann auf Dauer kein Ersatz für Gewässerschutz sein. Schon allein deshalb wären beispielsweise eine deutliche Reduzierung der Abwassermenge sowie eine konsequente Umstellung der landwirtschaftlichen Produktion auf den ökologischen Landbau, insbesondere in den Wassereinzugsgebieten, wünschenswert. Nach Meinung von Experten könnte es dadurch innerhalb relativ kurzer Zeit zu einer erheblichen Verringerung und sogar Beseitigung der Schadstoffbelastung kommen.

Das setzt allerdings voraus, dass auch die Verbraucher ein tieferes Verständnis für Umweltschutz und Nachhaltigkeit entwickeln und in der Folge bereit sind, für heimische Produkte aus ökologischem Landbau etwas tiefer in die Tasche zu greifen.

Einige Gewässer sind mittlerweile mit östrogenartig wirkenden Chemikalien belastet. Dies regt u. a. bei männlichen Fischen die Bildung eines Proteins an, was zu einer Geschlechtsumwandlung führt.

info

In Bächen und Seen, aber auch in Trinkwasserproben wurden mittlerweile Spuren von Beta-Blockern, Zytostatika, Antibiotika, Rheumamitteln u. a. m. gefunden. Schon in den 1970er Jahren gab es Hinweise auf Östrogenrückstände, die in den 1990er Jahren bestätigt wurden. Seither wird ein Zusammenhang mit der abnehmenden männlichen Fruchtbarkeit diskutiert, denn Östrogene verringern die Spermienproduktion bei Männern.

Die erstaunlichen Fähigkeiten des nassen

Elements – von den Clusterstrukturen bis

zur Revitalisierung von Wasser

Der Geist *des* Wassers

Schon Paracelsus ahnte, dass es nicht so einfach sein würde, den verborgenen Kräften des Wassers auf die Spur zu kommen: »Man nehme das Element Wasser in seinem ungeschiedenen Zustand! Und dann schaue man sich an, wie all die Metalle, all die Steine, all die glitzernden Rubine, glänzenden Karfunkelsteine, Kristalle, Gold und Silber daraus abgeleitet sind; wer hätte all diese Dinge im Wasser erkennen können?«

Wasser – ein anomales »Element«

Heute weiß man zwar, dass Wasser zumindest in biochemischer Hinsicht kein »Element«, sondern eine Verbindung aus zwei Wasserstoffatomen und einem Sauerstoffatom ist, deren Vereinigung ein dipolares Molekül, das Wassermolekül, ergibt. Doch stimmen die Forscher darin überein, dass man diesem allgegenwärtigen Urelement der Natur und seinen fast schon »magischen« Fähigkeiten nicht gerecht wird, wenn man es auf die simple chemische Formel H_2O reduziert. Tatsächlich verhält sich das Wasser in vielerlei Hinsicht anders, als man es aufgrund der bekannten biochemischen und physikalischen Gesetzmäßigkeiten erwarten würde. Deshalb ist oft auch von den Anomalien des Wassers die Rede. Dazu gehören z. B. der hohe Gefrierpunkt (0 °C, wenn das Wasser durch Fremdstoffe verunreinigt ist, – 38 °C, wenn es absolut rein ist), der hohe Siedepunkt, der bei 100 °C liegt, und die Tatsache, dass Wasser bei + 4 °C am dichtesten ist und nicht, wie zu erwarten wäre, bei 0 °C. Dies ist auch der Grund, warum Flüsse und Seen von oben nach unten einfrieren und nicht umgekehrt. Dabei ist die Eisdecke, die wegen ihrer sperrigen Kristallstruktur auf dem Wasser schwimmt, ein wirksamer Kälteschutz, ohne den bei sehr kalten Temperaturen ein Leben im Wasser nicht möglich wäre. Außergewöhnlich ist auch die Fähigkeit des Wassers, über einen langen Zeitraum hinweg Wärme zu absorbieren, ohne heiß zu werden. Davon

info

Noch heute gilt Wasser im indischen Ayurveda als eines der vier Elemente; ebenso ist Wasser Bestandteil der Fünfelementelehre in der traditionellen chinesischen Medizin. Und auch in der Astrologie spielt Wasser als Element eine wichtige Rolle.

profitiert auch die natürliche Temperaturregulation des menschlichen Körpers, der etwa zu 70 Prozent aus Wasser besteht. Denn u. a. sorgt das zirkulierende Wasser dafür, dass unsere Körpertemperatur – außer bei Erkrankungen – auf etwa 37 °C konstant bleibt und keinen lokalen Schwankungen unterworfen ist.

Wie bei einer Batterie, so sind auch im Wassermolekül zwei Ladungen bzw. zwei Pole vorhanden. Deshalb nennt man das Wassermolekül auch einen Dipol.

Die Clusterstruktur des Wassers

Wasserforscher erklären sich diese ungewöhnlichen Verhaltensweisen des Wassers mit der Fähigkeit der Wassermoleküle, große Haufenmoleküle, so genannte Cluster, zu bilden. Diese Clusterbildung entsteht durch elektromagnetische Koppelung eines positiv geladenen Wasserstoffatoms mit einem negativ geladenen Sauerstoffatom eines anderen Wassermoleküls. Die Wassermoleküle werden so über Wasserstoffbrücken zusammengehalten.

info

In der griechischen Philosophie galten die »fünf heiligen Körper« als Abbild göttlicher Dimensionen und Energien. Jedem der Körper wurde eines der fünf Elemente zugeordnet: dem Tetraeder das Feuer, dem Hexaeder die Erde, dem Oktaeder die Luft, dem Dodekaeder der Äther und dem Ikosaeder das Wasser.

Die Clusterformationen sind nicht statisch, sondern verändern sich ständig – und zwar in Sekundenbruchteilen. Auf diese Weise kommen unendlich viele unterschiedliche geometrische Strukturen zustande, die jedoch alle im Wesentlichen Kristallen ähneln.

Interessant ist auch, dass sich die kristallinen Gebilde letztlich auf fünf geometrische Grundformen zurückführen lassen, und zwar auf Tetraeder (Vierflächner), Hexaeder (Sechsflächner), Oktaeder (Achtflächner), Dodekaeder (Zwölfflächner) und Ikosaeder (Zwanzigflächner). Diese Grundformen werden auch platonische Körper genannt. Damit schließt sich der Kreis zum jahrtausendealten Wissen der von Pythagoras und Platon beeinflussten philosophischen Schulen um die »heilige Geometrie und Harmonie« aller Dinge.

Das Wesen der Cluster

● Wasserstoffbrücken ermöglichen die Clusterbildung.

● Clusterstrukturen gelten als eigenständiger Aggregatzustand und bestimmen die typischen Verhaltensweisen des Wassers.

◉ Vor allem höhere Temperaturen und Druck, aber auch (elektro-) magnetische Einflüsse können die Clusterstrukturen verändern.

◉ Derzeit geht man davon aus, dass ein Cluster aus bis zu 700 H_2O-Molekülen bestehen kann; bei unserer Körpertemperatur von 37 °C bilden ungefähr 300 bis 400 einzelne Moleküle einen Cluster.

◉ Wassercluster senden und empfangen Energiesignale über die »V-Arme« der Wassermoleküle, die von den Bewegungen der Moleküle ausgehen. So können Cluster Energie- und Informationsgehalte speichern.

◉ Sind die Cluster zerstört, wird das Wasser in einen Zustand niedriger Ordnung versetzt und büßt seine biologische Qualität ein.

Schwingungen im Wasser

Wo Bewegung ist, entsteht Energie. Und da sich nicht nur die kleinsten Teilchen des Wassermoleküls, die Protonen, Neutronen und Elektronen, ständig um ihre eigene Achse drehen (Spinbewegung), sondern auch die Wassermoleküle im Clusterverbund ständig in Bewegung sind, hat das Wasser ein sehr hohes energetisches Potenzial. Die pulsierenden oder vibrierenden Bewegungen sind als Schwingungen bzw. Wellenlängen im Wasser mit sehr hohen Frequenzen elektromagnetisch nachweisbar. Doch erzeugen die Wassermoleküle nicht nur selbst elektromagnetische Wellen, sondern sie reagieren auch auf Schwingungen von außen und speichern diese in ihren kristallinen Strukturen. So entsteht eine Wechselbeziehung, eine Art feinstoffliche Kommunikation, bei der sich, je nachdem, mit welchem »fremden« elektromagnetischen Schwingungsspektrum das Wasser Kontakt hat, seine Clusterstruktur verändert. Zugleich ermöglicht es die »Merkfähigkeit« des Molekülverbunds, die energetische Information weiterzugeben.

Werden die Cluster kleiner, verändert sich der Aggregatzustand des Wassers. Wenn wir Wasser kochen, fängt es – aufgrund der Wärmezufuhr – an zu verdampfen, also gasförmig zu werden.

Die Kraft im Wassertropfen: Cluster sorgen für das energetische Potenzial des Lebenselixiers.

Die Forschungen von Masaru Emoto

Dass Wasser unterschiedlich strukturiert ist und seine Strukturen sich durch fremde energetische Schwingungsmuster derart verändern können, dass es so zum Träger und Übermittler von Energie- bzw. Informationsgehalten wird, konnte inzwischen durch verschiedene Experimente belegt und sogar fotografisch festgehalten werden. So gelang es dem amerikanischen Biochemiker Dr. Lee Lorenzen Anfang der 1990er Jahre, mittels der elektrischen Spannung eines magnetischen Resonanzanalysators (MRA) die Information von Heilkräuteressenzen energetisch auf das Wasser zu übertragen.

Das Emoto-Experiment: Wird Wasser mit Heavymetalmusik beschallt, entsteht eine chaotische Struktur (rechts). Das Besprechen von Wasser mit den Wörtern »Liebe« und »Danke« erzeugt dagegen harmonische Kristallstrukturen (links).
(Fotos aus: Masaru Emoto: »Die Botschaft des Wassers«, Band 1, Koha Verlag.)

Blumenartige Kristalle

Die Experimente von Lorenzen brachten den japanischen Wissenschaftler Dr. Masaru Emoto auf die Idee, die kristallartigen Strukturen des so genannten Mikro-Cluster-Wassers auch fotografisch sichtbar zu machen. Dafür fror er Wasserproben bei −20 °C ein und fotografierte sie dann unter dem Mikroskop bei − 5 °C Raumtemperatur. Zu sehen waren filigran ausgebildete Eiskristalle. Inzwischen hat Masaru Emoto über 10 000 Bilder von Wasserproben aus den unterschiedlichsten Gewässern zusammengetragen. Auch wenn die Wassermoleküle in gefrorenem Zustand tendenziell ein sechseckiges (hexagonales) Kristallgitter aufweisen, ist es dennoch nicht möglich, identische Fotos von Eiskristallen derselben Probe zu erhalten. (Dies deckt sich mit dem Phänomen, dass auch die kristallinen Strukturen einer Schneeflocke niemals gleich sind.)

Qualitative Unterschiede

Anhand der Eiskristalle können Rückschlüsse auf die Qualität bzw. auf das energetische Potenzial der jeweiligen Wasserprobe gezogen werden. Auf-

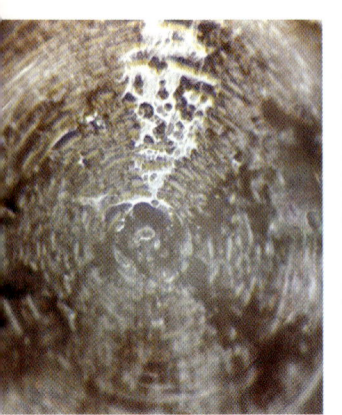

fällig war nämlich, dass die sechseckige Struktur bei einigen Wasserproben sehr klar ausgeprägt war – manche stellten wunderschön anzuschauende blumenartige Gebilde mit Verzierungen an den Spitzen dar. Andere wiesen dagegen unklare oder regelrecht deformierte Strukturen auf; in einigen Fällen war die Kristallisation praktisch nicht mehr erkennbar. Bei Letzteren handelte es sich vor allem um Wasserproben aus Leitungswasser oder abwasser- und schadstoffbelastetem Flusswasser. Dagegen ergaben z. B. fast alle Proben aus natürlichem Quellwasser besonders schöne, harmonische, klare Kristalle.

Wasser »hört« Musik und »versteht« Sprache

Mittlerweile hat Masaru Emoto mit weiteren verblüffenden Ergebnissen für Aufsehen gesorgt. So zeigte sich z. B., dass Wasserproben, denen mit Hilfe der Magnetresonanztechnologie die Information von Aromaölen aufgeprägt worden war, annähernd in den Formen der jeweiligen Pflanzenblüte kristallisierten. Überraschend auch das Ergebnis eines Experiments,

bei dem Emoto Proben von destilliertem Wasser, das eine einfache Kristallstruktur mit der geringsten Zahl an Verunreinigungen aufweist, mit unterschiedlichen Musikstücken beschallte: Während etwa Mozarts Sinfonie Nr. 40 in g-Moll sehr graziöse und filigrane Eiskristalle erzeugte, wiesen die Moleküle nach Heavymetalmusik ein regelrechtes Strukturchaos auf, so dass die Sechseckstruktur des Eiskristalls praktisch nicht mehr vorhanden war.

Doch damit nicht genug: Wie bei den Tönen, so kann sich das Wasser laut Masaru Emoto offenbar auch dem energetischen Einfluss von Wörtern nicht entziehen. Denn Emoto »sprach« auch mit Wasser. Einmal bezeichnete er es als »Dummkopf«, ein anderes Mal als »Teufel«. Oder er schmetterte dem Wasser entgegen: »Du machst mich krank!« Der Effekt: Alle »beschimpften« Wasserproben wiesen eine »hässliche«, chaotische, zerstörte Struktur auf. Dagegen stehen die perfekten, harmonischen kristallinen Strukturen der Wasserproben, die mit den positiv besetzten Wörtern »Danke«, »Liebe« und »Heilung« besprochen wurden.

So schön kann Wasser sein: Wasserkristalle der Sanbuichi-Quelle. (Foto aus: Masaru Emoto: »Wasserkristalle«, Koha Verlag.)

Je komplexer die Clusterformationen, desto höher der Ordnungsgrad. Je einfacher die Kristallstruktur von Wasser, desto geringer die Verunreinigung.

Der Ansatz der Homöopathie

Masaru Emotos Beobachtungen zufolge ergeben auch die Wasserproben von homöopathischen Mitteln – je nach zugefügter Substanz – unterschiedliche Kristallbilder. Ein Ergebnis, das zumindest die Anhänger der klassischen Homöopathie nicht überraschen konnte, denn gerade die Wirkungsweise der Homöopathie beruht – wie übrigens auch die der Bach-Blütentherapie oder der innerlichen Anwendung von Edelsteinessenzen – auf dem Ansatz, dass eine unendlich verdünnte (aber dynamisierte) Ausgangssubstanz auch dann noch medizinisch wirksam ist, wenn sie chemisch nicht mehr nachgewiesen werden kann.

Der Begründer der Homöopathie, Samuel Hahnemann, nannte die energetische Informationsübertragung der Homöopathie Dynamisation. Er ging davon aus, dass nicht nur im Wasser, sondern auch in allen anderen Naturstoffen (pflanzlichen, mineralischen oder tierischen Ursprungs) latente dynamisch-geistige Kräfte vorhanden seien, die durch das Potenzieren, also das Verschütteln einer Lösung, aktiviert werden und an Wirkungsintensität zunehmen können, je stärker das Lösungsmittel verdünnt wird. Deshalb gelten in der Homöopathie gerade die Hochpotenzen (die Potenzen C30 bis C50 000 sowie die LM-Potenzen) als rasch und tief greifend wirksam.

Aufsehen erregend – das Fullerene-Experiment

Dass derart verdünnte Flüssigkeiten wie Homöopathika einen biologischen Effekt haben, galt in der etablierten Molekulartheorie bis vor kurzem als undenkbar. Bisher war man nämlich davon ausgegangen, dass die Moleküle sich einfach immer weiter zerstreuen, je stärker eine Lösung verdünnt ist. Doch seit südkoreanische Chemiker in einem Experiment mit so genannten Fullerenen herausgefunden haben, dass sich offenbar auch Molekülcluster in anderen

info

Fullerene sind spezifische Kohlenstoffverbindungen (Kohlenstoffcluster), die erst vor einigen Jahren entdeckt wurden. Wegen ihrer kugelsymmetrischen Struktur werden sie auch als die Fußbälle der organischen Chemie bezeichnet.

Substanzen bilden können, wenn diese in Wasser aufgelöst werden und zusätzlich Wasser hinzugefügt wird, müssen die bislang gültigen Gesetzmäßigkeiten wohl relativiert werden. Die Forscher kamen zu dem Ergebnis, dass zum einen durch die Clusterbildung die biologische Wirksamkeit verschiedener Substanzen erhöht wird und dass es zum anderen auf die »Merkfähigkeit« der Wassermoleküle zurückzuführen ist, wenn auch hoch verdünnte Lösungen Wirkungen zeigen – und genau davon geht ja die Homöopathie schon seit langem aus.

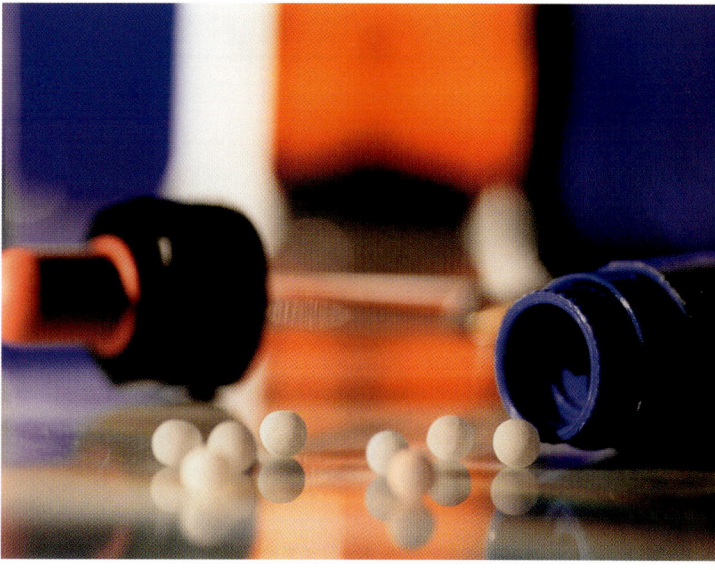

Folgen der Informationsspeicherung

Wenn das Wasser aufgrund der Clusterformationen in der Lage ist, energetische Informationen zu speichern und zu übertragen, dann hat das für uns und unsere Umwelt weit reichende Konsequenzen. Denn dann sind es naturgemäß nicht nur die heilenden Informationen der homöopathischen Mittel oder der Bach-Blütenessenzen, sondern auch die krank machenden Informationen von Schadstoffen, Schwermetallen, Pesti-

zid- und Arzneimittelrückständen, Abgasen oder Elektrosmog, die ebenfalls im »Gedächtnis« des Wassers verankert sind.

Hinzu kommt, dass auch eine Beeinträchtigung der natürlichen Bewegungsenergie (kinetische Energie) des Wassers zu einem Verlust an potenzieller Energie führen kann. So weist z. B. Trinkwasser, das durch kilometerlange Rohrleitungen fließt, wesentlich niedrigere Schwingungen auf als etwa bewegtes Quellwasser. Der herrschende Druck in den Rohrleitungen zerstört offenbar die Eigenbewegung des Wassers.

Homöopathika können wahrscheinlich – wie Wasser – Informationen speichern, auch wenn keine Ursubstanz mehr nachweisbar ist.

Nach Meinung vieler Wasserforscher vermag nur biologisch aktives Wasser die Funktionen des Organismus optimal zu steuern.

Fatale Auswirkungen auf den Organismus

Man muss kein Wasserexperte sein, um sich vorstellen zu können, dass Wasser, in dem negative Energie- bzw. Informationsgehalte gespeichert sind und dessen Struktur weitgehend zerstört ist, auch und gerade für den menschlichen Organismus abträglich und sogar schädlich ist. Führen wir also für einen Moment diesen erschreckenden Gedankengang zu Ende, und vergegenwärtigen wir uns, was es für unsere Gesundheit bedeutet, wenn wir tagtäglich energetisch belastetes Wasser trinken.

In den letzten Jahren gab es immer wieder Diskussionen, ob Östrogenrückstände im Wasser sich negativ auf die männliche Zeugungskraft auswirken. Mittlerweile scheint allerdings festzustehen, dass Lösungsmittel hier sehr viel verheerendere Folgen anrichten können.

Mögliche Folgen des Energieverlusts von Wasser

○ **Saurer Regen:** Kohlendioxid und Schwefeldioxid in der Luft werden in Regentropfen gelöst und bilden eine spezifische Clusterstruktur. Das Regenwasser sammelt sich in Flüssen und Seen, aber auch im Boden, wo es gemäß den Prinzipien der Verdünnung und Verschüttelung zu einer Art »homöopathischen Hochpotenz« mit Folgen kommt. Deshalb stellt sich die Frage, ob es »natürliches, reines, lebendiges Quellwasser« überhaupt noch gibt.

○ **Leitungswasser:** Unser Trinkwasser wird zwar durch die Wasseraufbereitungsanlagen chemisch von Schadstoffen und Bakterien gereinigt. Doch bleiben die energetischen Informationen durch den früheren Kontakt des Wassers mit z. B. Pestiziden erhalten.

○ **Wechselwirkung mit dem Körperwasser:** Cluster schwingen, je nach Information, mit der ihnen eigenen Frequenz. Zwar ist das Körperwasser im gesunden Organismus sehr hoch strukturiert, so dass es sich lange vor den Folgen negativer Informationen schützen kann. Doch je länger und je häufiger es mit den energetisch schädlichen Frequenzen von belastetem Wasser konfrontiert wird, desto größer ist die Gefahr, dass der Ordnungszustand des Körpers geringer wird und schließlich eine Krankheit entsteht.

Danach wäre eine optimale Regelung der komplizierten biochemischen und energetischen Stoffwechselvorgänge in unserem Organismus über kurz oder lang nicht mehr gewährleistet. Und: Auch wenn das Wasser vorher einer gründlichen chemischen Aufbereitung unterzogen wurde, könnten durch die Speicherung und Übermittlung von schädlichen Energie- und Informationsgehalten möglicherweise schwere Krankheiten wie Allergien, Immunerkrankungen und sogar Krebs entstehen.

Die Revitalisierung von Wasser

Was kann man tun, wenn die natürlichen Möglichkeiten des Wassers zur Selbstregulation durch den sauren Regen und den Verlust der Eigenbewegung weitgehend außer Kraft gesetzt sind? Wenn unser Leitungswasser energetisch erheblich gestört oder gar biologisch tot ist, wie einige Wasserforscher behaupten? Ja, wenn sogar das eigentlich sehr aktionsfreudige und reife Quellwasser bereits schädliche Informationen gespeichert haben kann?

Inzwischen findet sich ein breites Angebot an Geräten und Techniken zur Wasseraufbereitung bzw. Wasserbelebung. Generell wird unterschieden zwischen den herkömmlichen grobstofflichen Reinigungsverfahren, wie etwa Filtration, Umkehrosmose oder Destillation, und den feinstofflichen Maßnahmen, die auf eine physikalische bzw. energetische Regeneration des Wassers setzen. Während die Erstgenannten die Clusterstrukturen des Wassers nicht berücksichtigen, zielen feinstoffliche Verfahren, wie beispielsweise die Wirbeltechnologie darauf ab, im Wasser negative Informations- und Energiegehalte zu »löschen« bzw. dem Wasser durch Restrukturierung und Revitalisierung wieder zu einer höheren Ordnungsstruktur, d. h. zu komplexen Clusterstrukturen, zu verhelfen.

Die grobstofflichen Reinigungsverfahren

Die grobstofflichen Verfahren der »Wasserreinigung« werden hier nur im Überblick dargestellt. Sie erreichen keine Änderung der Clusterstruktur des Wassers; bisweilen entziehen sie ihm wichtige Mineralien.

Die Filtration von Wasser erfolgt meist mit Aktivkohlekartuschen (siehe auch Seite 12).

*Um klares, sauberes
Wasser zu erhalten,
werden verschiedene
Filtrations- und Reini-
gungsprozesse an-
gewendet.*

Membran- und/oder Adsorptionsfilterung

Sie ist zwar relativ einfach zu hand-
haben, bietet aber keine 100-pro-
zentige Sicherheit, dass das gefilterte
Wasser auch tatsächlich frei von
Schadstoffen ist (siehe Seite 12ff.).

Dampfdestillation

Sie gilt als eine besonders radikale
Lösung, weil über den Prozess des
Siedens, Verdampfens und Konden-
sierens von Wasser nicht nur unerwünschte Fremdstoffe, sondern auch
sämtliche Mineralien eliminiert werden. Dampfdestilliertes Wasser ist
sehr aggressiv, und es besteht für
den menschlichen Organismus die
Gefahr der Entmineralisierung.

Umkehrosmose

Umkehrosmose setzt auf teildurch-
lässige Membranen, die dem Leitungswasser sehr viele Schadstoffe,
aber auch lebenswichtige Mineralstoffe entziehen. Immerhin ist der
Reinigungsgrad dieses Wassers im
Vergleich zu den beiden anderen
Methoden am höchsten. Allerdings
wird bei diesem Verfahren weit mehr
Wasser verbraucht, als Trinkwasser
erzeugt wird.

Grobstofflich versus feinstofflich

Im Gegensatz zu den grobstofflichen
Reinigungsverfahren ist es das Ziel
der Trinkwasser(re-)vitalisierung, biologisch inaktives Wasser energetisch
aufzuwerten. Hierbei stehen zwei
Prinzipien im Vordergrund:

◉ Die mechanische Wasserverwirbelung

◉ Die Wasserenergetisierung durch
Informationsübertragung

Bislang gründen sich die gesundheitsfördernden Wirkungen, etwa von
levitiertem Wasser oder Trinkwasser
nach Grander, primär auf Erfahrungs-
berichte der Konsumenten – eine
wissenschaftliche Bestätigung steht
bislang aus. Im Folgenden stellen wir
Ihnen die bekanntesten Revitalisie-
rungsmaßnahmen vor.

Vitalisiertes Wasser nach Schauberger

Der österreichische Naturforscher Viktor Schauberger (1885–1958) gilt als einer der Pioniere der Wasserforschung. Seinen Beobachtungen zufolge – Ende der 1930er Jahre entdeckte er übrigens die Levitationskraft des Wassers – hängen die physikalische Qualität und damit auch die Fähigkeit des Wassers zur Selbstregulation u. a. von seiner »naturrichtigen«, d. h. schrauben- oder spiralartigen und damit Wirbel bildenden Fließbewegung ab. Diese rechtsdrehenden, nach innen gerichteten Wirbel erzeugen eine saugende, zentripedale Kraft, die Implosionskraft. Begünstigt wird die Spiralbewegung u. a. durch Mäander, also durch schlangenlinienförmige Strukturen nicht begradigter Flussläufe.

In Schlangenlinien

Nach Schauberger verliert das Wasser seine Trag- und Schleppkraft, wenn es geradlinig und damit wider seine Natur angelegt ist. Tatsächlich setzt die Wasserwirtschaft noch zu oft auf gerade Formen – sei es in begradigten Flussbetten oder in den Wasserrohrsystemen für die Trinkwasserversorgung der Haushalte. Die Folge: Durch die Verschlechterung der (physikalischen) Wasserqualität, durch die das Wasser auch seine Fähigkeit zur Selbstreinigung einbüßt, verliert es sein energetisches Potenzial und stirbt gewissermaßen langsam ab.

Zusammen mit seinem Sohn Walter entwickelte Viktor Schauberger verschiedene Maschinen, z. B. Strahl- und Sogturbinen oder Propellerkompressoren (Repulsatoren), die hauptsächlich zur Wiederbelebung von toten Gewässern zum Einsatz kommen, sowie Geräte zur Wasserveredelung. Diese Maschinen erzeugen eine hochkomplexe Verwirbelung des Wassers, wodurch es seine natürliche Strömungsenergie wieder aufbauen kann; zugleich zeitigt die dadurch bewirkte Auflösung der Clusterstrukturen des Wassers eine Neutralisierung der biologisch schädlichen Schwingungen sowie eine Wiederherstellung der ursprünglichen Wasserstruktur.

Natürlich fließendes Wasser zieht sich in Windungen durch die Landschaft und bildet kleine und große Wasserwirbel. Der Wirbel ist eine der Urformen des Universums; man denke an die Spiralnebel der Galaxien oder an die Struktur der DNS.

Levitiertes Wasser nach Hacheney

Levitiertes (»in der Schwebe« gehaltenes) Wasser beruht auf einem physikalischen Wasseraufbereitungsverfahren, bei dem – vereinfacht gesagt – die Wasserstruktur durch eine erhöhte Oberflächendynamik geöffnet wird. Hierfür entwickelte der deutsche Ingenieur Wilfried Hacheney in Anlehnung an Viktor Schaubergers Erkenntnisse über die Wasserverwirbelung eine Levitationsmaschine, in der Wasser mittels einer speziellen Rotationstechnik bewegt wird. Dadurch entstehen Mikrowirbel und Mikrohohlräume, die eine extreme Vergrößerung der inneren Wasseroberfläche hervorrufen. Der Effekt: Das Wasser erlangt seine ursprüngliche Struktur zurück und ist nun energiereicher und reaktionsfreudiger. Nach Hacheney enthielt natürliches Wasser in einer Zeit, als die Umweltverschmutzung noch kein globales Ausmaß erreicht hatte, eine Vielzahl von Mikrohohlräumen in den Clusterstrukturen. Da seiner Meinung nach selbst natürliches Quellwasser inzwischen stark energetisch belastet ist, ist das Levitationsverfahren eine wirkungsvolle Maßnahme, das Wasser physikalisch wieder zu beleben.

Die Levitation (= Schwebezustand) ist das Gegenteil von Gravitation (= Anziehungskraft). Wasser fließt in der Natur sowohl nach unten (gravitant) als auch nach oben (levitant).

Levitiertes Wasser im Überblick

- Levitiertem Wasser wird keine Kohlensäure zugefügt. Es wird von Hand in Glasflaschen abgefüllt. (Kunststoffflaschen könnten unerwünschte Stoffe übertragen.) Da die Qualität durch Lagerung abnimmt, sollte es innerhalb von zwei Wochen aufgebraucht werden.

- Levitiertes Wasser zeichnet sich durch eine verbesserte Geschmacksqualität aus. Es soll das Pflanzenwachstum, aber auch den Nährstofftransport und die Entgiftungsprozesse im menschlichen Körper fördern.

- Levitiertes Wasser soll u. a. bei Magen-Darm- und Herz-Kreislauf-Problemen sowie bei Operationsschmerzen unterstützend wirken.

Wasserbelebung nach Grander

In den Wirkungen dem levitierten Wasser sehr ähnlich, erfreut sich hierzulande das belebte Wasser nach Grander immer größerer Beliebtheit. Auch die von dem österreichischen Naturbeobachter Johann Grander entwickelte Wasserbelebung erfolgt rein mechanisch und ohne künstliche Energiezufuhr.

Mit dem Ziel, schädliche Informationsgehalte zu »löschen«, um den Urzustand des Wassers wiederherzustellen, beruht das Verfahren der Grander®-Technologie »auf einer Übertragung von Naturinformationen höchster Ordnung«. Wie der Prozess der (magnetischen) Informationsübertragung im Einzelnen erfolgt, wird von Johann Grander nicht bekannt gegeben.

Wasserbelebungsgeräte für zu Hause

Für die Aufbereitung des Trinkwassers zu Hause sind im Handel speziell entwickelte Wasserbelebungsgeräte erhältlich, die z. B. an die Wasserhähne montiert werden können.

Außerdem gibt es das direkt in Glasflaschen abgefüllte »Original Trinkwasser«.

Das Informationswasser nach Grander bildet auch die Grundlage für alle weiteren Produkte der Grander®-Technologie (z. B. Hautpflegeprodukte mit belebtem Wasser nach Grander oder einen mit Informationswasser gefüllten Energiestab). Einige Patienten gaben an, dass der regelmäßige Genuss dieses Wassers den Verlauf von bestimmten Erkrankungen, beispielsweise Neurodermitis und Erkrankungen des rheumatischen Formenkreises, günstig beeinflussen konnte.

Wasser ist in ständiger Bewegung. Die – normalerweise natürliche – Verwirbelung von Wasser ist Voraussetzung für seine biologische Qualität.

Das Plocher Energie System

Das von dem deutschen Mechaniker Robert Plocher entwickelte Plocher Energie System wird vor allem in der Land- und Forstwirtschaft, in Kläranlagen sowie zur Gewässersanierung eingesetzt – dabei wird sogar Gülle fast geruchlos. Das Wirkungsprinzip dieses Systems beruht im Wesentlichen auf einer Art feinstofflicher Informationsübertragung (holografische Informationsübertragung), durch die die natürlichen Selbstregulationskräfte von Wasser und Umwelt aktiviert werden sollen.

Das Plocher System umfasst die Plocher-Apparatur, über die die Informationsübertragung (z. B. von Sauerstoff) auf bestimmte Trägermaterialien (z. B. Aluminiumfolie und Quarzsand) mittels Schwingungen erfolgt. Die so mit Originalinformationen ausgestatteten Trägermaterialien werden als »Penac-Produkte« bezeichnet. Diese geben nun ihrerseits über speziell entwickelte Röhren die aufgeprägten Informationen, z. B. zur Aufbereitung von belastetem Oberflächenwasser, ab und wirken damit wie Katalysatoren. Da Robert Plocher keinerlei Auskunft über Einzelheiten des Verfahrens gibt, ist es derzeit nicht möglich, sein System für eine Grundlagenforschung zur holografischen Informationsübertragung heranzuziehen.

Im Zusammenhang mit der Plocher-Methode bedeutet »holografisch«, dass Informationen auf den Trägermaterialien nicht lokalisiert werden können, sondern untrennbar mit der Struktur verknüpft sind.

Wasserbelebung mit Quarzkristallen

- Die Hersteller von Wasserbelebungsgeräten verwenden oft Quarzsand zur Strukturerneuerung von Trinkwasser. Eine ähnliche Wirkung haben naturbelassene Quarzkristalle (z. B. Bergkristall, Amethyst oder Rosenquarz).

- Wer die Wasserbelebung selbst in die Hand nehmen möchte, legt einige Quarzkristalle (beliebig oft verwendbar) in eine Glaskaraffe und füllt diese mit Leitungswasser. Wiederholen Sie die Prozedur am besten jeden Abend, damit Ihnen am nächsten Tag immer optimal aufbereitetes Wasser zur Verfügung steht.

Das »Gedächtnis« des Wassers

Weiß das Wasser wirklich alles? Vielleicht ist es tatsächlich möglich, dass Wasser durch seine Allgegenwart und seine Fähigkeit, offenbar sämtliche elektromagnetischen Schwingungen aufzunehmen, die auf der Erde existieren, praktisch das gesamte entwicklungsgeschichtliche Wissen der Welt gespeichert hat – sozusagen von den Urozeanen bis heute.

Stimulation durch Geschichte und Gegenwart

Der österreichische Naturforscher Viktor Schauberger bezeichnete das Wasser aufgrund seiner außergewöhnlichen Fähigkeit der Informationsspeicherung als das Blut der Erde. Das würde aber auch bedeuten, dass es nicht immer völlig neue Informationen sind, die sich dem Wasser aufprägen. Vielmehr würde das Wasser dann ganz ähnlich wie das menschliche Gehirn funktionieren, das im Übrigen ebenfalls aus ungefähr 90 Prozent Wasser besteht: So, wie spezifische Reize von außen das Gedächtnis stimulieren und

Erinnerungen hervorrufen, könnten durch den Kontakt des Wassers mit fremden Substanzen ebenfalls bestimmte »Erinnerungsmuster« ausgelöst werden.

Zur Möglichkeit, dass das Wasser eine Art universelles Gedächtnis haben könnte, meinte ein Wasserforscher: »Dem Wasser steht ein ausreichend großer Vorrat an unterschiedlichen Clusterstrukturen zur Verfügung, um ganze Bibliotheken zu füllen.« Eine zweifellos faszinierende Vorstellung, die die universellen Gesetzmäßigkeiten und Zusammenhänge in einem neuen Licht erscheinen lässt.

Vielleicht spiegelt das Wasser nicht nur uns – sondern letztlich unsere ganze Evolutionsgeschichte.

Eine Auflistung von Bezugsquellen für revitalisiertes Wasser etc. finden Sie auf Seite 94.

Das Wasser in uns – alles über die

»ausgetüftelte« Balance von Flüssigkeit

(und Salz) in unserem Organismus

Der *menschliche* Wasserhaushalt

Wir alle tragen die Erinnerung an den Anfang der Evolution in uns, als sich vor Milliarden Jahren in den Urozeanen die ersten Organismen entwickelten. Auch wenn wir heute auf dem Festland leben und mit Süßwasser unseren täglichen Flüssigkeitsbedarf decken, so sind und bleiben Wasser und Salz für unseren Organismus lebensnotwendig: das Wasser, weil es Lebensmedium aller Körperzellen ist, und das Salz, weil es im Körperwasser gelöst wird und – zusammen mit dem Kalium – den Wasserhaushalt regelt.

Die Aufgaben des Wassers im Körper

Wir können zwar wochenlang ohne Nahrungsaufnahme leben, aber nur wenige Tage ohne Flüssigkeit. Jede lebende Zelle, fast alle Körperflüssigkeiten und so gut wie jeder Stoffwechselvorgang benötigen Wasser als Strukturbestandteil bzw. Reaktionspartner, als Transport- oder Lösungsmittel. Ebenso versagt der für uns lebenswichtige Temperaturausgleich, wenn über einen längeren Zeitraum Wassermangel herrscht.

Vom Baustein bis zum Transportmittel

In unserem Körper hat Wasser vielfältige Aufgaben. Wasser ist …

◉ … Baustein unserer Körperzellen. Wasser füllt und umhüllt jede Zelle. Zusammen mit den Eiweißkörpern bildet es die Zellgrundsubstanz, in der alle anderen Bausteine gelöst oder geformt vorliegen.

◉ … Transportmittel. Sämtliche Nährstoffe und körpereigenen Substanzen gelangen mit dem wasserhaltigen Blutplasma zu ihrem Bestimmungsort. Zudem sorgt das Wasser dafür, dass Stoffwechselendprodukte abtransportiert und über die Nieren ausgeschieden werden.

◉ … Lösungsmittel, wodurch alle für den Organismus wichtigen wasserlöslichen Substanzen in den Körperflüssigkeiten in einer bestimmten Konzentration gelöst sind.

◉ … Puffer für den lebensnotwendigen Temperaturausgleich des Kör-

info

Innerhalb von 24 Stunden fließen etwa 1400 Liter Wasser durch unser Gehirn; im selben Zeitraum strömen auch ca. 2000 Liter Wasser durch unsere Nieren für deren Filtrierungsprozess. Das Gehirn ist mit mehr als 90 Prozent besonders wasserreich; ebenso enthalten die Leber, die Muskelzellen und die Haut sehr viel Wasser.

pers. Bei Hitze oder körperlicher Anstrengung dringt über die etwa zwei Millionen Schweißdrüsen der Haut Wasser nach außen auf die Hautoberfläche. Dort verdunstet der Wasserfilm mit Hilfe der überschüssigen Körperwärme, wodurch eine rasche Abkühlung des gesamten Organismus (Verdunstungskälte) erfolgt und so einer bedrohlichen Erhöhung der Körpertemperatur vorgebeugt wird.

Flüssigkeitsumsatz im Organismus

Wasser macht etwa zwei Drittel unseres Körpergewichts aus. Allerdings nimmt der Wasseranteil über die Jahre kontinuierlich ab: Während er bei einem Neugeborenen ca. 85 Prozent beträgt, liegt er beim Erwachsenen noch bei durchschnittlich 70 Prozent, bei älteren Menschen hingegen nur noch bei etwa 55 bis 60 Prozent. Die Abnahme des Wassergehalts mit fortschreitendem Alter ist vor allem durch die kontinuierliche Zunahme des Fettgewebes und durch den Umbau des Bindegewebes bedingt, das im Lauf des Lebens immer mehr an Wasser verliert.

In den Zellen finden der Stoffwechsel und damit der eigentliche Aufbau und Erhalt unseres Körpers statt. Hier werden die aufgenommenen Stoffe verändert, umgebaut und neu zusammengestellt – daher der Begriff »Stoffwechsel«.

Aufteilung der Gesamtkörperflüssigkeit

Wie verteilt sich das Wasser im Körper? Zunächst einmal zirkuliert Wasser im Körper als Bestandteil so wichtiger Körperflüssigkeiten wie Blut, Lymphe, Galle, Magensaft oder Speichel. Der größte Teil des Körperwassers ist jedoch als flüssiges Medium im Inneren aller lebenden Zellen gebunden. Diese Flüssigkeit, die auch intrazelluläre Flüssigkeit genannt wird, macht mit ungefähr 30 Litern etwa 43 Prozent des Körpergewichts aus. Dagegen hat die Flüssigkeit außerhalb der Zellen, die so genannte extrazelluläre Flüssigkeit, die sich zum Großteil in den Spalträumen zwischen den Zellen (interstitieller Raum) befindet, mit ca. 15 Litern ungefähr 21,5 Prozent Anteil am Körpergewicht. (Alle Angaben beziehen sich auf ein Körpergewicht von ca. 70 Kilogramm.) Bei der extrazellulären Flüssigkeit wird wiederum zwischen der Flüssigkeit im Gefäßsystem (z. B. Gefäßflüssigkeit, Verdauungssäfte, aber auch Augenkammerwasser) und der Umgebungsflüssigkeit der Zellen (Gewebeflüssigkeit) unterschieden.

Regulation der Wassermenge

Die Verteilung der Flüssigkeiten in unterschiedlichen Räumen hat eine ausgleichende Funktion im menschlichen Wasserhaushalt: Auf ihr basiert der reibungslose Ablauf sämtlicher physiologischer Aktivitäten im Körper. Dabei wird das Verhältnis der verschiedenen Flüssigkeitsräume von einem komplizierten Zusammenspiel verschiedener Faktoren – allen voran der Aufrechterhaltung des osmotischen Drucks und eines ausgeglichenen Konzentrationsverhältnisses von Zellflüssigkeit und Umgebungsflüssigkeit – bestimmt. Hier spielen die Salzkonzentrationen im Inneren und Äußeren der Zellen eine wichtige Rolle, denn die verschiedenen Salzgehalte auf beiden Seiten – die Zellflüssigkeit enthält mehr Kalium, die Umgebungsflüssigkeit mehr Natrium – erzeugen eine Art Druck, den osmotischen Druck, der das Wasser in die Zelle befördert.

Voraussetzung für einen stabilen Wasserhaushalt ist ein konstantes Flüssigkeitsvolumen: Nur eine ausgeglichene Flüssigkeitsbilanz erlaubt Wasserverschiebungen zwischen den verschiedenen Flüssigkeitsmilieus, um z. B. den Austausch von Nährstoffen und den Abtransport von Stoffwech-

Natrium spielt zudem eine wesentliche Rolle bei der Blutdruckregulation und der Aufrechterhaltung des Säure-Basen-Gleichgewichts.

Osmose und osmotischer Druck

- Befindet sich zwischen zwei unterschiedlich konzentrierten Lösungen eine halbdurchlässige (semipermeable) Membran, die zwar das Lösungsmittel, nicht aber die gelösten Stoffe hindurchlässt, spricht man von Osmose.

- Der osmotische Druck sorgt dafür, dass das Konzentrationsgleichgewicht zwischen Zellflüssigkeit und Umgebungsflüssigkeit konstant bleibt, indem er Verschiebungen zwischen den beiden Flüssigkeitsmilieus auslöst. Wäre der osmotische Druck im Zellinneren höher als außen, würde Wasser in die Zelle einströmen, sie anschwellen lassen und zum Platzen bringen. Umgekehrt kann ein erhöhter osmotischer Druck außerhalb des Zellwassers zu Wasserentzug führen, wodurch die Zelle schrumpfen würde.

*Die Nieren sind boh-
nenförmig und etwa
zehn bis zwölf Zentime-
ter lang. Sie liegen in
einem sackartigen Bin-
degeweberaum (Nie-
renlager) und befinden
sich rechts und links
hinter der Bauchhöhle
seitlich der Wirbel-
säule.*

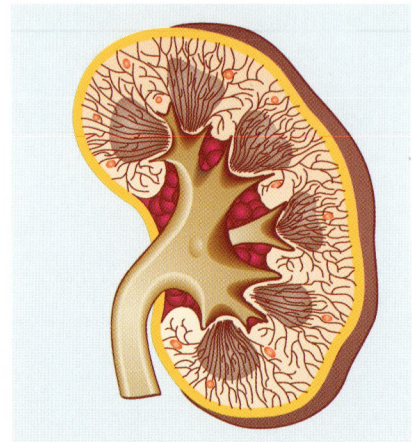

*Das so genannte
Nierenlager wird
von einem Fettpols-
ter gepuffert. Bei
extremen Schlank-
heitskuren oder
Blitzdiäten kann
dieses Fett zu
schnell abgebaut
werden, so dass sich
eine Senk- oder
Wanderniere bilden
kann.*

selendprodukten der Körperzellen zu
gewährleisten oder den Blutkreislauf
stabil zu halten. Auf diese Weise kann
überschüssiges Wasser aus dem Blut
aufgenommen oder fehlendes Wasser
aufgefüllt werden – dadurch kann
eine gefährliche Überdehnung der
Blutgefäße bzw. ein Druckabfall
innerhalb des Gefäßsystems verhin-
dert werden.

Natrium bindet Wasser

Natrium, das wir meist in Form von
Kochsalz (NaCl) aufnehmen, ist das
wichtigste Kation der extrazellulären
Flüssigkeit und regelt zusammen mit
Kalium den Wasserhaushalt. Daher
befindet sich das meiste Natrium im
Blut und in den Zwischenzellräumen.

Seine wesentliche Aufgabe ist es, im
Organismus Wasser zu binden, das
für den normalen Ablauf der Zell-
funktionen dringend benötigt wird.
Veränderungen des Natriumspiegels
können sich unmittelbar auf den Wasseranteil im Blut auswirken: Sinkt der
Gesamtnatriumgehalt des Körpers,
ist häufig eine Verringerung des Blut-
volumens die Folge, wodurch es zu
Benommenheit und im Extremfall
zum Schock kommen kann. Dagegen
verursacht eine erhöhte Natriumkonzentration eine Volumenzunahme des
Blutes bzw. der extrazellulären Flüssigkeit. Die zusätzliche Flüssigkeit
sammelt sich in den Zellzwischenräu-
men, und es entwickeln sich Wassereinlagerungen im Gewebe (Ödeme).

Nieren – Kontrollorgane des Wasserhaushalts

Der Wasserhaushalt ist eng mit dem
Salzhaushalt verknüpft. Hier spielen
die Nieren eine zentrale Rolle, denn
sie sorgen u. a. durch die ausgeschie-
dene Urinmenge dafür, dass das Blut
einen weitgehend gleich bleibenden
Wasserhaushalt aufweist und die
Konzentration wichtiger Mineralstoffe wie Natrium und Kalium im Blut

konstant bleibt. Von der Konzentration dieser Stoffe sind wiederum die Flüssigkeits- und Mineralstoffmenge im Körpergewebe abhängig. Rund 180 Liter Flüssigkeit (Primärharn) werden täglich in unseren Nieren ausgeschieden, filtriert und bis auf ca. zwei Liter resorbiert. Bei diesem Vorgang werden lebenswichtige Stoffe wie Eiweiße und verschiedene Mineralien rückresorbiert, also für den Organismus zurückgewonnen, wohingegen nicht mehr verwertbare Substanzen, allen voran Stoffwechselrückstände (z. B. Harnstoff oder Harnsäure) und überschüssige saure bzw. alkalische Substanzen (zur Aufrechterhaltung des Säure-Basen-Gleichgewichts), schließlich als Endharn ausgeschieden werden.

Wenn die Nieren ihre Reinigungsarbeit nicht mehr bewältigen können, kommt es zur Vergiftung. Dann muss das Blut mittels Dialyse (»Blutwäsche«) gereinigt werden.

Regelung des Wasser- und Salzhaushalts

- Besteht im Körper ein Wasserdefizit, melden spezielle Hormone dem Durstzentrum des Gehirns: »Bitte trinken!«

- Bleibt das Trinken aus, drosselt der Organismus die Speichelproduktion, und es kommt zu Mundtrockenheit, pelziger Zunge, trockener Kehle und leichter Schwellung der Speicheldrüsen. Auch die Farbe des Urins ist ein Indikator für akuten Wassermangel: Ist er dunkel gefärbt, ist er stark konzentriert, weil die Nieren ihre Wasserausscheidung gedrosselt haben. Bleibt trotz dieser Warnsignale ein Ausgleich des Flüssigkeitsmangels aus, verringert sich die Harnausscheidung – im Extremfall bis zur Harnverhaltung.

- Das antidiuretische Hormon (ADH) steuert die Wasserausscheidung: Bei Flüssigkeitsmangel schüttet die Hirnanhangsdrüse verstärkt ADH aus. So werden die Nieren dazu veranlasst, ihre »Schleusen« zu schließen und so viel Wasser wie möglich zurückzuhalten. Wird dagegen viel getrunken, wird die ADH-Ausschüttung blockiert, so dass überflüssiges Wasser mit dem Urin ausgeschieden wird.

- Auf ähnliche Weise wird der Salzhaushalt reguliert; hier übernimmt u. a. das in der Nebennierenrinde produzierte Hormon Aldosteron die Aufgabe, je nach vorliegender Natriumkonzentration die Ausscheidungsmenge entweder zu drosseln oder zu steigern.

Die Wasserbilanz

Zwischen der Aufnahme, Bildung und Ausscheidung von Wasser besteht normalerweise ein Gleichgewicht, die so genannte Wasserbilanz.

Wasserabgabe

Unserem Körper gehen täglich etwa 2,5 Liter Flüssigkeit verloren. Mit rund 1,5 Liter fällt der Hauptanteil auf die Urinausscheidung durch die Nieren; durchschnittlich 100 Milliliter Wasser verliert der Körper auch über den Stuhl. Einen Großteil des Wassers gibt der Körper jedoch von uns weitgehend unbemerkt ab: Auch wenn wir gar nicht schwitzen, verdunsten ungefähr 500 Milliter Wasser über die Haut; etwa die gleiche Menge wird in der Lunge verbraucht, wo die relativ trockene Luft des Einatmens mit Wasserdampf gesättigt wird; dieser wird mit der verbrauchten Luft wieder ausgeatmet.

Wasserzufuhr

Für eine ausgeglichene Wasserbilanz müssen sich Abgabe und Zufuhr von Flüssigkeit natürlich die Waage halten. Gewöhnlich sorgt unser Durstgefühl, der wichtigste Mechanismus für das Wassergleichgewicht im Körper, dafür, dass die verloren gegangene Flüssigkeit wieder ausgeglichen wird. Tatsächlich decken wir unseren täglichen Wasserbedarf vor allem durch das Trinken ab. Aber auch über die feste Nahrung nehmen wir täglich bis zu einem Liter Flüssigkeit auf. Ein dritter Weg der Wasserzufuhr ist das so genannte Oxidationswasser, das bei der Verbrennung von Nährstoffen in den Körperzellen entsteht und immerhin rund 300 Milliliter ausmacht.

Viel trinken bei Durchfall & Co.

Unter bestimmten Bedingungen kann der durchschnittliche Flüssigkeitsbedarf von 2,5 Litern pro Tag stark ansteigen. Dies ist etwa bei Hitze oder körperlicher Anstrengung, aber auch bei Krankheiten wie Erbrechen, Durchfall oder Fieber der Fall. Dann kann der Körper fünf Liter Flüssigkeit und mehr pro Tag verlieren. Um schwer wiegende Folgeerscheinungen zu vermeiden, ist es notwendig, mindestens – am besten schluckweise über den Tag verteilt – drei Liter

Ein hoher Wasserverlust bedeutet immer auch einen Verlust an lebensnotwendigen Mineralien. Diese müssen unbedingt ersetzt werden, da sich Mineralstoff- und Wasserhaushalt sonst nicht regulieren können.

Übrigens: Auch eine übermäßige Kochsalzzufuhr kann zu einem vermehrten Flüssigkeitsbedarf führen.

Flüssigkeit (z. B. Fencheltee oder kohlensäurearmes Wasser) zu trinken, um den Wassermangel wieder auszugleichen.

Äußert sich ein akutes Flüssigkeitsdefizit bereits durch körperliche Symptome, z. B. einen trockenen Mund und eine trockene Kehle oder einen dunkel gefärbten Urin, ist es höchste Zeit zu trinken. Denn dann hat der Organismus bereits ein »Sparprogramm« eingeleitet, durch das so lange Wasser im Körper zurückbehalten wird, bis der Mangel wieder ausgeglichen wird.

Wenn das Durstgefühl nachlässt

Wie gesagt: Leidet der Körper unter einem akuten Wassernotstand, ist Durst ein wirkungsvolles Alarmzeichen. Denn das Durstgefühl verlangt umgehend danach, zufrieden gestellt zu werden. Kritisch wird es, wenn das Durstempfinden allmählich nachlässt – ein Phänomen, von dem vor allem ältere Menschen häufig betroffen sind. Konzentrationsschwäche, Schwindelanfälle, Nierenschwäche – diese und viele andere Symptome sind nicht selten typische Hinweise

darauf, dass der Körper chronisch dehydriert (ausgetrocknet) ist.

Um an die Notwendigkeit des Trinkens erinnert zu werden, sollten ältere Menschen deshalb stets Getränke in sicht- und greifbarer Nähe haben und ganz bewusst Trinkpausen einlegen. Auch sollte es ihnen zur Gewohnheit werden, grundsätzlich während und nach einer körperlichen Aktivität zum Wasser zu greifen. Ähnliches gilt übrigens für Säuglinge und Kleinkinder, deren Durstempfinden noch nicht vollständig entwickelt ist. Eltern sollten daher unbedingt darauf achten, dass ihr Sprössling regelmäßig trinkt, und ihm gegebenenfalls auch ungefragt ein Getränk anbieten.

Ein Tipp für ältere Menschen: Wird mehr (Wasser) getrunken, wird auch das Durstempfinden wieder deutlicher wahrgenommen. Andererseits: Ein übermäßiges Durstgefühl kann ein Hinweis auf Diabetes mellitus sein.

Auch kleine Menschen müssen regelmäßig trinken. Da ihr Durstgefühl noch nicht so entwickelt ist, sollten die Eltern auf eine regelmäßige Flüssigkeitszufuhr achten.

Wasserdefizite und die Folgen

Erfreulicherweise achten inzwischen immer mehr Menschen auf eine ausgewogene Ernährung. Die wenigsten wissen allerdings, dass zur Erhaltung der Gesundheit auch und gerade der optimalen Versorgung des Körpers mit Flüssigkeit eine zentrale Bedeutung zukommt. Dies gilt nicht nur für Extremsituationen, etwa für eine akute Durchfallerkrankung oder für längere Hitzeperioden, sondern ebenso für den täglichen Ausgleich des natürlichen Flüssigkeitsverlusts.

Wie der Körper auf Wassermangel reagiert

Sinkt der Anteil an Flüssigkeit im Körper zu stark ab, nimmt die Menge an Blutplasma (und damit das Blutvolumen) ab, und das Blut wird dickflüssiger (Hypovolämie). Dadurch wird die Sauerstoffversorgung von Gehirn, Organen und Muskeln beeinträchtigt; das Herz muss kräftiger pumpen und schlägt deshalb schneller. Die Folgen: Der Blutdruck sinkt drastisch, und es können Herz- und Kreislaufbeschwerden auftreten. Zudem werden die

Regulation des Wärmehaushalts und die Verdauungstätigkeit eingeschränkt; gleichzeitig verschlechtert sich der Transport der Nährstoffe in die Zellen bzw. der Abtransport von Stoffwechselrückständen aus den Zellen. Da das Bindegewebe der Haut Wasser speichert, sind die Anzeichen für eine Austrocknung schon bald auch äußerlich sichtbar: Die Haut wird matt und fahl, und es entstehen die typischen Trockenheitsfalten; ebenso trocknen die Schleimhäute aus.

Jahrelanger Flüssigkeitsmangel führt fast immer zu einer – mitunter irreparablen – Beeinträchtigung der Herz- und Nierenfunktion. Ebenso begünstigt ein chronisches Wasserdefizit die vorzeitige Hautalterung.

Chronische Schmerzen durch Wassermangel

Der indische Arzt F. Batmanghelidj geht sogar noch einen Schritt weiter, indem er eine Vielzahl von chronischen Schmerzzuständen und Erkrankungen als unmissverständliche Signale des Körpers für andauernden Wassermangel wertet. Danach sind Sodbrennen, rheumatoide Gelenk-

Da bei Wassermangel giftige Substanzen nicht mehr vollständig ausgeschwemmt werden können, lagern sie sich im Körper ab und führen u. a. zu einer starken Verschlackung, aber auch zu einer Schwächung der Immunabwehr.

Trinkregeln

- Grundsätzlich gilt: Durst sollte immer gestillt werden. Es ist praktisch unmöglich, zu viel zu trinken. Anders liegt der Fall bei Nieren- oder Herzinsuffizienz: Dann muss der Arzt gefragt werden.

- Am besten trinkt man über den Tag verteilt alle ein bis zwei Stunden – mindestens sechs bis acht Viertellitergläser Wasser.

- Sportler bzw. Menschen mit schweißtreibender Tätigkeit sollten Extraportionen Flüssigkeit zu sich nehmen.

- Da die Flüssigkeitszufuhr teilweise auch über die feste Nahrung erfolgt, ist zu beachten: Je weniger man isst, desto mehr sollte man trinken. Ein Ausgleich kann mit besonders wasserreichen Nahrungsmitteln, z. B. Obst, Gemüse oder Suppe, erzielt werden.

- Je mehr kochsalzhaltige Nahrungsmittel wir verzehren, desto mehr sollten wir trinken.

- Achtung: Wer fastet, hat einen erhöhten Flüssigkeitsbedarf, aber nicht unbedingt mehr Durst.

- Alkohol, koffeinhaltige Getränke (Kaffee, schwarzer Tee) und zuckerhaltige Getränke (Limonaden, Colagetränke) sind nicht geeignet, den täglichen Flüssigkeitsbedarf zu decken.

In südeuropäischen Ländern ist es üblich, zum Kaffee oder Espresso ein Glas stilles Mineralwasser zu servieren. Denn Mineralwasser gleicht den Flüssigkeitsverlust durch den Kaffee wieder aus, ohne ihm geschmacklich Konkurrenz zu machen.

erkrankungen, Rücken- und Kopfschmerzen, Bluthochdruck, Altersdiabetes, aber auch Allergien, Asthma bronchiale oder schwere Autoimmunerkrankungen (z. B. Colitis ulcerosa oder Lupus erythematodes) letztlich nichts anderes als Manifestationen für den inneren Durst des Organismus. Diese Beschwerden können den Beobachtungen Batmanghelidjs zufolge geheilt oder zumindest erheblich gelindert werden, wenn die Betroffenen konsequent viel Wasser trinken.

Eingeschränkte Leistungsfähigkeit

Wie sensibel der Körper auf einen akuten Mangel an Flüssigkeit reagiert, ist durch verschiedene Studien belegt: Schon bei einem Wasserverlust von etwa zwei Prozent des Körpergewichts sinkt die geistige und körperliche Leistungsfähigkeit um rund 20 Prozent. Vier Prozent Wasserdefizit bewirken eine 50-prozentige Minderung der Leistungsfähigkeit, wobei das Denkvermögen bereits erheblich beeinträchtigt wird.

Bleiben wir zwei bis drei Tage ohne Flüssigkeit, können die Nieren harnpflichtige Substanzen nicht mehr ausscheiden; zugleich nimmt das Blutvolumen ab – es kommt zu Kreislaufversagen. Wird ein Flüssigkeitsverlust von 10 bis 15 Prozent nicht umgehend ausgeglichen, sterben wir.

mein tipp

Als Durchspülungstherapie mindestens 3 Monate lang täglich 2 Liter abgekochtes warmes Wasser trinken. Wer an Nierenfunktionsschwäche leidet, sollte zusätzlich einen Nieren-Blasen-Tee trinken.

Rezept: Je 20 Gramm Goldrutenkraut, Lindenblüten, Schachtelhalm, Orthosiphonblätter und Birkenblätter mischen, 2 Teelöffel davon mit 1 Tasse kochendem Wasser übergießen und 10 Minuten lang ziehen lassen. 3-mal täglich 1 Tasse Tee trinken.

Wasser – der ideale Durstlöscher

Dass wir nicht genug trinken, wurde kürzlich durch eine Umfrage zu den Trinkgewohnheiten der Deutschen belegt. Danach trinken wir im Durchschnitt nur knapp 0,8 Liter pro Tag – der Genuss von Kaffee und Alkohol wurde hierbei aus gutem Grund nicht berücksichtigt.

Zum Vergleich: Die von der Deutschen Gesellschaft für Ernährung (DGE) empfohlene Mindestmenge für Erwachsene mit einer gesunden Nieren- und Herztätigkeit liegt bei 1,3 Liter Flüssigkeit pro Tag. Unserer Meinung nach sollte die tägliche Flüssigkeitszufuhr bei normaler Belastung allerdings mindestens 1,5, besser sogar 2,0 Liter betragen, um eine optimale Wasserbilanz zu gewährleisten.

Trinken – aber bitte das Richtige

Auch wenn die Auswahl an Getränken enorm ist, kommen letztlich nur wenige infrage, die geeignet sind, den täglichen Flüssigkeitsbedarf zu decken. Tatsächlich verringern gerade hierzulande so beliebte Getränke wie Kaffee, Bier und andere Alkoholika sogar den Wasserbestand des Körpers, indem sie das Hormon ADH hemmen und damit harntreibend wirken, dem Körper also zusätzlich Wasser entziehen.

Auch koffeinhaltige Colagetränke, Limonade und viele andere industriell gefertigte Fruchtsäfte sind zum Durstlöschen ungeeignet: Da ihnen in der Regel nicht nur Konservierungsstoffe, sondern auch sehr viel Zucker zugesetzt sind, verstärken sie nicht nur das Durstempfinden, sondern fügen dem Körper zudem überflüssige Kalorien zu.

Ideal sind dagegen Früchte- oder Kräutertees, verdünnte Obst- und Gemüsesäfte – und natürlich am besten: Wasser.

Es wäre schön, wenn wir unseren täglichen Flüssigkeitsbedarf mit lebendigem, frischem Quellwasser decken könnten. Da jedoch Wasser, das nicht der regelmäßigen Analyse unterliegt, für den Trinkgenuss nicht empfohlen werden kann, ist aufbereitetes Leitungswasser letztlich immer noch am besten geeignet. Gute Alternativen sind auch levitiertes Wasser, belebtes Wasser nach Grander oder Trinkwasser, das mit dem energetischen Potenzial der Bergkristalle angereichert ist (siehe Seite 38). Wer lieber zur Flasche greift, sollte darauf achten, dass das Mineralwasser pH-neutral sowie natrium- und kohlensäurearm ist.

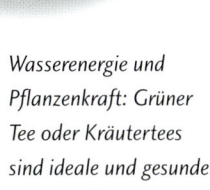

Wasserenergie und Pflanzenkraft: Grüner Tee oder Kräutertees sind ideale und gesunde Durstlöscher.

Abgekochtes Wasser zur Entschlackung

Im Ayurveda, der uralten indischen Heillehre, gilt abgekochtes Wasser als bewährtes Mittel zur Linderung von Verdauungsproblemen, zudem auch als Mittel zur Vitalisierung der Entgiftungs- und Ausscheidungsorgane sowie zur generellen Entschlackung, Entgiftung und Aktivierung des Stoffwechsels. Das abgekochte Wasser verliert nämlich seine Oberflächenspannung und kann aus diesem Grund viel mehr Gifte und Stoffwechselrückstände aufnehmen als gespanntes Wasser.

Anwendung: Wichtig ist, dass Sie das Wasser mindestens 5 Minuten lang kochen und es dann warm trinken.

Auch Wasseranwendungen haben einen aktivierenden, entschlackenden Effekt. Davon profitieren nicht nur Haut und Bindegewebe, sondern auch die inneren Organe und alle wichtigen Körperfunktionen.

»Weißes Gold« – aus den Meeren oder tief

aus dem Inneren der Berge als Ablage-

rung und Kristallisierung der Urmeere

Kristallsalz –
Gesundheit aus der Natur

Früher galt Salz als äußerst kostbares Gut. Um es zu besitzen, führten Völker Kriege gegeneinander; die Sieger hüteten und verteidigten die eroberten Salzvorkommen wie einen Schatz. Über lange Zeit war das »weiße Gold«, wie das Salz denn auch oft bezeichnet wurde, ein beliebtes Zahlungsmittel: So bekamen z. B. die römischen Legionäre ihren Lohn häufig in Form von Salz ausbezahlt; im Mittelalter wurde Salz sogar mit Gold aufgewogen.

Salz ist nicht gleich Salz

Heute scheint es so, als verfügten wir über Salz im Überfluss. Salz ist in jedem Supermarkt für ein paar Cents erhältlich, und im Winter streuen wir (leider immer noch) Unmengen von Salz auf vereiste Straßen und Gehwege. Allerdings: Das Salz, das bis zum 19. Jahrhundert eine Rarität, nur schwer zu gewinnen und sehr teuer war, hat nur noch bedingt etwas mit dem Salz zu tun, mit dem wir heute unseren täglichen Salzbedarf decken. Seit Jahrzehnten greifen wir auf Salz zurück, das industriell verarbeitet ist und durch seine chemische »Reinigung« fast aller seiner wertvollen Elemente und damit seiner natürlichen Struktur beraubt wurde.

Salz – wichtig für den Organismus

Wie Wasser, so ist auch Salz elementar für den menschlichen Organismus. Nur wenn das Spannungsgleichgewicht von Salzen und Wasser im menschlichen Körper weitgehend konstant bleibt, ist ein reibungsloser Ablauf des Stoffwechsels gewährleistet. Einige Gesundheitsexperten bezweifeln jedoch, dass das Salz, das wir täglich zu uns nehmen, auch tatsächlich den qualitativen Anforderungen entspricht, um seiner Rolle als einem der Schlüsselfaktoren für unsere Gesundheit gerecht zu werden. Immer mehr setzt sich die Erkenntnis durch, dass erst die Summe aller im Salz enthaltenen biochemischen Elemente und biophysikalischen Kräfte eine optimale Unterstützung der physiologischen Aktivitäten unseres Organismus gewährleistet. Dies setzt allerdings voraus, dass das Salz naturbelassen konsumiert wird.

In grauer Vorzeit wurde das Salz quer durch Europa auf so genannten Salzstraßen transportiert, die als Handelsrouten eine ähnlich wichtige Bedeutung wie die »Eisenstraßen« oder »Seidenstraßen« hatten.

Unser täglicher Koch-salzverzehr ist viel zu hoch. Der hohe Salzkonsum kann zu Bluthochdruck und Nierenproblemen mit beitragen.

Durch das Raffinie-ren von an sich mineralstoffreichen Lebensmitteln gehen viele Minera-lien und Spurenele-mente verloren; dies gilt auch für raffi-nierten Zucker und Reis oder raffinier-tes Getreidemehl.

Solche Salze, die weder chemisch noch energetisch verändert sind, sind im Handel als so genannte Kristallsal-ze erhältlich, die als die hochwertigs-te Form des Natursalzes gelten.

Raffiniertes Kochsalz

Wer denkt schon darüber nach, wie das Salz gewonnen und welchen Pro-zeduren es unterzogen wird, bis es schließlich als Koch-, Speise- bzw. Tafelsalz in unsere Kochtöpfe oder auf unser Frühstücksei gelangt? Tat-sächlich sind sich nur wenige Ver-braucher dessen bewusst, dass das Salz, mit dem wir heute unsere Spei-sen würzen oder das wir in hohen Dosen durch den Verzehr von indus-

triell verarbeiteten Lebensmitteln auf-nehmen, mit dem Naturstoff Salz nicht mehr identisch ist. Denn das handelsübliche Kochsalz hat einen ausgesprochen aufwändigen Raffinie-rungsprozess durchlaufen und ist mit mehr als 200 Chemikalien in Berüh-rung gekommen, bis es durch Abspal-tung fast aller seiner Elemente auf die Bestandteile Natrium und Chlorid reduziert ist. Um die Rieselfähigkeit zu erhöhen, werden dem Salz zudem chemische Trennmittel wie Kalzium-karbonat, Magnesiumkarbonat und Natriumfluorid zugefügt.

So gesehen ist das Kochsalz, das wir tagtäglich benutzen, ein künstlich erzeugtes Produkt, ein »Kunststoff«, der nur noch bedingt die Bezeich-nung »Salz des Lebens« verdient.

Das Aktionspotenzial von Natriumchlorid

Im festen Zustand hat Natriumchlo-rid (NaCl) eine würfelförmige (kubi-sche) kristalline Struktur. Dieses Kristallgitter besteht jedoch nicht aus NaCl-Molekülen, sondern aus Ionen, und zwar aus positiv gelade-nen Natriumionen und negativ gela-denen Chlorionen, die in dem Gitter durch elektrostatische Kräfte zusammengehalten werden. Somit ist der atomare Aufbau von Salz nicht molekular, sondern elektrisch.

Wird ein Salzkristall in Wasser aufgelöst, entsteht Sole. Dabei zerfällt das Ionengitter zu einzelnen Ionen (Na^+ und Cl^-), die sich in der Salzlösung frei bewegen. Dies erklärt die elektrische Leitfähigkeit einer Salzlösung. Lässt man die Sole verdunsten, nimmt das Salz wieder einen festen Zustand an. Aufgrund seines elektrischen Potenzials (Aktionspotenzial) und seiner Reaktionsfreudigkeit ist Natriumchlorid ein idealer Reaktionspartner, der für viele chemische Prozesse, aber auch bei der industriellen Herstellung von Farben, Kunststoffen oder Seifen herangezogen wird.

Kochsalz und Bluthochdruck

Schon seit Jahren halten Mediziner und Ernährungswissenschaftler den hohen Natriumchloridkonsum in den westlichen Industrieländern für bedenklich. Insbesondere vermuten sie einen Zusammenhang zwischen unserem (übermäßigen) Kochsalzkonsum und verschiedenen Zivilisationskrankheiten, allen voran Bluthochdruck, der wiederum das Risiko für Herz-Kreislauf-Erkrankungen erhöht.

Noch sind nicht alle Aspekte einer möglichen ungünstigen Einflussnahme von Kochsalz auf den Blutdruck erforscht; fest steht jedoch, dass rund 30 Prozent der Menschen aufgrund einer genetischen Veranlagung

Umstritten ist unter Medizinern, ob die Zugabe von Jod (zur Verhinderung eines Jodmangelkropfs) und/oder Fluorid (als Kariesprophylaxe) tatsächlich einen gesundheitsfördernden Effekt hat.

Kochsalz für die Industrie

◌ Rund 95 Prozent der weltweiten Produktion von raffiniertem Salz wandern in die Industrie. Dies ist auch der Grund, weshalb dem Natursalz alle übrigen natürlichen Elemente entzogen werden, denn viele von ihnen eignen sich nur bedingt oder gar nicht für die industrielle Verarbeitung.

◌ Fast fünf Prozent des raffinierten Salzes werden von der Nahrungsmittelindustrie als Konservierungsmittel verwendet, und nur 0,6 Prozent gelangen schließlich als Speisesalz in den Handel.

Im Körper ermöglichen Natriumionen in den Nervenzellen die Erregungsleitung; die Chloridionen sind am Aufbau der Magensäure, die zu 0,3 Prozent aus Salzsäure besteht, beteiligt.

empfindlich auf Kochsalz reagieren: Bei ihnen wirkt die Salzzufuhr blutdrucksteigernd. Ihre Werte normalisieren sich, sobald sie sich ausschließlich mit salzarmer Kost ernähren. Eine salzarme Kost hilft also nicht jedem Hypertoniker. Seither unterscheiden Mediziner zwischen salzsensitiven und nicht salzsensitiven Bluthochdruckpatienten. Die Erklärung liegt vermutlich in der unterschiedlichen Fähigkeit der Nieren, Salz schnell oder langsam auszuscheiden.

Zu viel Kochsalz ist schädlich

Auch wenn man nicht an Bluthochdruck leidet, ist ein umsichtiger Umgang mit Kochsalz auf jeden Fall ratsam. Allein die Tatsache, dass wir im Durchschnitt bis zu 15, im Extremfall sogar bis zu 20 Gramm Speisesalz pro Tag verzehren – und damit die für einen gesunden Erwachsenen bei normaler körperlicher Belastung empfohlene Tagesdosis von sechs Gramm Salz um ein Vielfaches überschreiten –, kann auf Dauer ernsthafte Gesundheitsstörungen nach sich ziehen. Bei einer stark erhöhten Zufuhr von Kochsalz steigen die extrazellulären Konzentrationen von Natrium und damit der osmotische Druck in den Körperflüssigkeiten an. Wird dieses Ungleichgewicht nicht durch eine vermehrte Wasseraufnahme ausgeglichen – und wie wir bereits festgestellt haben, trinken wir in der Regel ohnehin viel zu wenig –, kommt es zu Wassereinlagerungen. Diese unnötigen Wasserdepots führen nicht nur zu Gewichtszunahme, sondern auch zu Ödemen (Wassereinlagerungen im Gewebe), Muskelstörungen und/oder einer Beeinträchtigung der Nierenfunktion. Zudem wird durch eine hohe Salzzufuhr neben Natrium vermehrt Kalzium mit dem Urin ausgeschieden. Dies kann bei Frauen in der Menopause den Knochenstoffwechsel ungünstig beeinflussen: Der Knochenabbau verstärkt sich, und die Knochen neigen zu Brüchigkeit (Osteoporose).

info

Damit alle lebensnotwendigen Körperfunktionen reibungslos ablaufen können, empfiehlt die Deutsche Gesellschaft für Ernährung (DGE), dass ein gesunder Erwachsener täglich mindestens fünf Gramm Salz, jedoch nicht mehr als maximal sechs Gramm Salz aufnehmen sollte.

Kochsalz – »weißes Gift«?

Mitunter wird raffiniertes Kochsalz auch als weißes Gift oder Zellgift bezeichnet. Das Argument: Da die Nieren maximal etwa fünf bis sieben Gramm Natriumchlorid pro Tag ausscheiden, dem Körper in der Regel jedoch wesentlich mehr Kochsalz zugeführt wird, müsse der Organismus zusätzliches, höchst strukturiertes Zellwasser mobilisieren, um das überschüssige Natriumchlorid zu binden und zu isolieren. Auf diese Weise würden die Körperzellen ihr wertvolles Lebensmedium verlieren, wodurch sie eintrocknen, schrumpfen und schließlich absterben würden. Mediziner halten diese Theorie jedoch für abwegig: Bis heute ist in der Medizin kein Fall bekannt, bei dem durch übermäßigen Kochsalzkonsum entwässerte Körperstellen abgestorben sind.

Unbestritten ist allerdings, dass die Zufuhr von Kochsalz (wie auch von Flüssigkeit) auf jeden Fall reduziert werden muss, wenn die Ausscheidungsfunktion infolge einer chronischen Nierenschwäche (Niereninsuffizienz) beeinträchtigt ist (siehe auch Seite 72f.).

Natursalz – »Salz des Lebens«

Bislang ist raffiniertes Kochsalz in unserer Ernährung allgegenwärtig. Immerhin gibt es Möglichkeiten, den Kochsalzkonsum auf ein unbedenkliches Maß einzuschränken. Eine wichtige Maßnahme ist, möglichst auf industrielle Fertignahrung zu verzichten – denn gerade Fertigprodukte wie Konserven, Fertigsaucen, -suppen, Brühwürfel, Käse- und Wurstwaren etc. enthalten oft extrem hohe »versteckte« Dosen an Kochsalz. Zudem ist es möglich, zum Würzen in der eigenen Küche auf naturbelassenes Salz zurückzugreifen. Denn anders als das raffinierte Haushaltssalz ist die chemische und biophysikalische Struktur des unbehandelten Natursalzes für den menschlichen Organismus besser verträglich – und gilt damit als eine gesunde Alternative zu Kochsalz.

Das Wesen des Natursalzes

Wie alle Naturstoffe, so ist auch naturbelassenes Salz immer eine Symbiose aus allen seinen Bestandteilen. In der Natur begegnet man

Immer empfehlenswert: Um den Salzkonsum einzuschränken, sollten Sie viele frische Kräuter und Gewürze in der Küche verwenden. Sie sind so aromatisch, dass man die Speisen nur leicht salzen muss.

info

Im Periodensystem sind den in der Natur vorkommenden natürlichen Mineralien und Spurenelementen 92 Ordnungszahlen zugeordnet. Zieht man die beiden künstlich hergestellten Elemente Technetium und Promethium sowie die sechs Edelgase ab, bleiben – nach derzeitigem Erkenntnisstand – 84 Elemente übrig.

Der Himalaja: Das gewaltige Bergmassiv ist Fundort eines besonderen Kristallsalzes.

diesem ursprünglichen Salz an zwei verschiedenen Orten: in gelöster Form im Meerwasser und in kristallin verstofflichter Form in den Bergen. Dieses kristalline Salz, das heute noch in den Salzbergwerken gefunden wird, ist entstanden, als die Urmeere vor Millionen von Jahren unter dem Einfluss von Sonnenenergie und Wind austrockneten. Und da es jahrtausendelang tief im Erdinneren verborgen und damit vor jeglichen Umwelteinflüssen geschützt war, ist dieses Salz so naturbelassen und komplex wie einst das Salz der Urmeere.

Kein gewöhnliches Natriumchlorid

Auch beim naturbelassenen Salz handelt es sich biochemisch gesehen um eine Natriumchloridverbindung. Doch liegen in ihm, wenn auch in wesentlich geringeren Konzentrationen, noch weitere essenzielle 82 Elemente vor, so beispielsweise wertvolle Mineralstoffe und Spurenelemente wie Kalzium, Kalium, Magnesium, Jod, Zink oder Eisen (übrigens auch ein klein wenig Gold, das bei der Raffinierung ausgefällt wird). Die Mineralstoffe und Spurenelemente des Natursalzes sind die gleichen 84 Elemente, die im Meerwasser enthalten sind und die auch in unserem Organismus, und zwar in einem dem Meerwasser sehr ähnlichen Mischungsverhältnis, vermutet werden.

Natürlich und biofreundlich

Eben weil die Grundzusammensetzung des Natursalzes mit der Anzahl der in unseren Körperflüssigkeiten gelösten und für die Stoffwechselvorgänge so dringend benötigten Mineralien und Spurenelemente offenbar weitgehend identisch ist, zeichnet sich Natursalz – im Gegensatz zum handelsüblichen Kochsalz – durch eine biofreundlichere Struktur aus, wodurch es vom Organismus sehr gut aufgenommen und verarbeitet werden kann.

Natursalz – im Überfluss vorhanden

Im Gegensatz zu vielen anderen Rohstoffen steht uns Salz nahezu unbegrenzt zur Verfügung. Allein die Weltmeere, die rund 70 Prozent der Erdoberfläche bedecken, enthalten schätzungsweise 46 Billionen Tonnen Salz; hinzu kommt mit etwa vier Billionen Tonnen Anteil dasjenige Salzvorkommen, das sich durch die Austrocknung der Urmeere in den Bergen abgelagert hat und in den Salzbergwerken als Steinsalz (Halit) abgebaut wird.

Und schließlich beherbergen einige Salzbergwerke dieser Welt noch eine ganz besondere Form des Natursalzes: das Kristallsalz – quasi den Edelstein unter den Natursalzen.

Kristallsalz aus dem Himalaja

Reines Kristallsalz zieht sich wie Adern durch das »normale« Steinsalz eines Berges und kommt nur sporadisch vor, so beispielsweise hierzulande im Salzbergwerk von Berchtesgaden oder – andernorts – im Bergmassiv des Himalaja. Das Kristallsalz hat je nach Abbaugebiet eine leichte Färbung, die von rötlich bis gelblich schimmernd variiert – es ist also nie so weiß wie das raffinierte (Koch-)Salz.

Derzeit besonders beliebt ist das reine, naturbelassene Kristallsalz, das auch »Königssalz« genannt wird, aus dem Himalaja. Entstanden durch die Austrocknung der Urmeere und den hohen Druck, der durch die Verschiebung der Kontinentalplatten und das Aufwerfen des Himalaja zustande kam, lagert es seit Millionen von Jahren geschützt in den Tiefen des Bergmassivs. Dort wird das Kristallsalz nach alter Tradition von Hand abgebaut und selektiert, gewaschen und sonnengetrocknet. Anschließend wird es zerkleinert bzw. grob zerrieben oder in großen Stücken belas-

Kristallsalzbrocken sind orangefarben bis leicht rötlich. Diese natürliche kristallinrötliche Farbe des Kristallsalzes entsteht durch die Einbindung verschiedener Spurenelemente, vorwiegend von Eisen.

sen; Letztere werden später für die Herstellung der Kristallsalzlampen verwendet. Als reines Naturprodukt, das keiner industriellen Bearbeitung unterzogen wurde und frei von Zusatzstoffen ist, kommt es schließlich in den Handel. Der extrem hohe Preis von derzeit durchschnittlich ca. 25 Euro pro Kilogramm Kristallsalz wird mit der aufwändigen Bearbeitung von Hand erklärt.

Kristallsalz – die hochwertigste Form von Natursalz

Reines Kristallsalz gilt schon allein deshalb als die hochwertigste Form des Natursalzes, weil seine kristalline Struktur über einen besonders hohen Ordnungszustand verfügen soll. Für die Entstehung dieser besonders homogenen kristallinen Struktur des Kristallsalzes werden die enormen Druckverhältnisse verant-

Als Abbaugebiet für Kristallsalz aus dem Himalaja wird Pakistan genannt. Allerdings sind einige Vertreiber von Kristallsalz in letzter Zeit in die Kritik geraten, da ihr Salz offenbar gar nicht aus dem Himalaja stammt, sondern aus europäischen Abbaugebieten.

Herstellung von Kristallsalzsole

Im Prinzip kann man Kristallsalzbrocken auch in der Salzmühle mahlen. Da sich Kristallsalz jedoch wesentlich langsamer auflöst als Kochsalz, wird meist eine Kristallsole hergestellt, die (verdünnt) zum Würzen oder für therapeutische Zwecke zur Anwendung kommt. Inzwischen ist auch handgemahlenes Kristallspeisesalz erhältlich.

- Für die Herstellung der Kristallsalzsole werden ein oder mehrere Salzkristallbrocken in ein kleines verschließbares Glas (z. B. Marmeladenglas) gegeben und mit Wasser aufgefüllt, bis die Kristalle bedeckt sind.

- Nach ca. 60 Minuten ist eine maximale Natursolekonzentration von ca. 26 Prozent entstanden. Die Kristalle lösen sich dann nicht mehr weiter auf.

- Die kristalline Solelösung kann jetzt weiterverwendet werden. Zu den verbliebenen Kristallsalzbrocken im Glas kann wieder Wasser zugegeben werden – so lange, bis sie ganz aufgelöst sind.

wortlich gemacht, denen es Millionen von Jahren ausgesetzt war. Als außergewöhnlich wird auch die bioenergetische Qualität des Kristallsalzes bezeichnet. Denn durch die Komprimierung sollen die einzelnen Elemente fest in die kristalline Struktur eingepresst und in eine spezifische Teilchengröße gebracht worden sein; auf diese Weise liegen sie nun in kolloidal-ionisierter Form vor. Dadurch soll es ihnen möglich sein, die Zellmembranen zu passieren und so für die Zellen verfügbar zu sein.

Harmonische Schwingungsmuster

Außerdem wird behauptet, dass der menschliche Organismus auch in bioenergetischer Hinsicht vom Kristallsalz profitieren könne. Dabei berufen sich die Vertreiber von Kristallsalz auf eine Studie, bei der sich beim Kristallsalz die gleichen Schwingungsfrequenzen messen ließen, wie sie auch für den menschlichen Körper charakteristisch sind. Dieser energetische »Gleichklang« soll das Kristallsalz in die Lage versetzen können, als ausgleichende, harmonisierende Kraft negative Frequenzen zu filtern und positive Schwingungsfrequenzen aufzubauen und damit regulierend auf organische, aber auch auf seelische Störungen Einfluss zu nehmen. Allerdings: Die Erforschung des ganzheitlichen Wesens von Natur- bzw. Kristallsalz steht faktisch noch ganz am Anfang. Und so gibt es bislang keine gesicherten Erkenntnisse und erst recht keine Langzeitstudien zu den spezifischen Eigenschaften bzw. der genauen Wirkungsweise von Kristallsalz – auch wenn bisweilen gern das Gegenteil behauptet wird. Daran sollte man denken, insbesondere wenn man sich von Kristallsalz eine Verbesserung seines Gesundheitszustands verspricht.

info

Der Begriff »Kristallsalz« ist etwas irreführend; denn faktisch hat jede Salzart eine kristalline Struktur. Ob es sich bei dem Kristallsalz aus dem Himalaja tatsächlich um eine besonders homogene Kristallstruktur handelt, wie eine »Qualitätsanalyse« ergeben haben soll, konnte bislang nicht bestätigt werden.

Gute Gründe für natur belassenes (Kristall-)Salz

Immerhin steht außer Frage, dass das Kristallsalz als reiner, unbehandelter Naturstoff für unsere Gesundheit von größerem Nutzen ist als industriell behandeltes und mit zahlreichen Fremdstoffen versehenes Kochsalz. Dies gilt jedoch letztlich für alle reinen, naturbelassenen Salze:

○ In seiner ursprünglichen Form enthält Natursalz alle wichtigen Mineralien und Spurenelemente und erfüllt damit die Kriterien der Ganzheitlichkeit. In diesem Sinn ist es ernährungsphysiologisch gesehen wertvoller als raffiniertes Kochsalz, dem diese Stoffe entzogen sind.

○ Unbehandeltem Salz sind keine Fremdstoffe, wie beispielsweise Trennmittel, Aufheller oder künstliches Jod bzw. Fluorid, beigegeben.

○ Naturbelassenes Salz intensiviert den Geschmack von Speisen – man braucht also weniger davon.

○ Da das Natriumchlorid durch industrielle Raffinierung seiner natürlichen Gegenspieler (Antagonisten) beraubt wurde, wird es zu einem aggressiven Stoff, der danach strebt, die fehlenden Bausteine wieder an sich zu binden. Im naturbelassenen Salz bleiben dem Natriumchlorid dagegen seine natürlichen Gegenspieler erhalten, wodurch seine Bindungsfreudigkeit ganz erheblich gemildert wird.

Beim allgemeinen Run auf Kristallsalz aus dem Himalaja sollte man bedenken, dass die Vorkommen eines Tages erschöpft sein könnten und die Einheimischen das Nachsehen haben.

Meersalz – hochwertiges Naturprodukt

Unbehandeltes Meersalz erfüllt im Prinzip wie Kristallsalz alle Qualitätsmerkmale eines Natursalzes. So liegen auch in ihm die Elemente in ihren natürlichen Komplexverbindungen und in physiologisch günstigen Konzentrationen vor und können Zellmilieu und Stoffwechsel positiv beeinflussen. Allerdings sind Teile der weltumspannenden Ozeane inzwischen durch Umweltverschmutzungen belastet, so dass zu befürchten ist, dass hochwertiges unbehandeltes Meersalz (wie auch Kristallsalz) eines Tages Mangelware sein wird. Schon jetzt ist es ratsam, sich vor dem Kauf von naturbelassenem Meersalz genau nach seiner Herkunft zu erkundigen, um sicherzugehen, dass es sich bei dem Salz auch tatsächlich um »Bioqualität« handelt. Immerhin: Einige Wassergebiete, z. B. das Atlantikwasser in dem geschützten Küstengebiet der Algarve, zeichnen sich noch immer durch einen hohen Reinheitsgrad aus, weshalb man das naturbelassene Meersalz dieser Region bedenkenlos genießen kann.

Wie Meersalz gewonnen wird

Das Meersalz »entsteht« in so genannten Salzgärten im flachen Land unmittelbar hinter der Küste, indem man Meerwasser in große flache Becken einlaufen lässt, den Zulauf wieder verschließt und die Sonne ihr Werk tun lässt. Dies setzt allerdings voraus, dass die klimatischen Bedingungen (viel Sonne, wenig Regen) stimmen. Deshalb sind solche Freiluftanlagen auch nur in sonnigen, warmen Gefilden zu finden, in denen über mehrere Monate hinweg kaum mit Niederschlägen zu rechnen ist.

Durch die intensive Sonnenbestrahlung wird das Meerwasser verdampft, und die trockenen Salzkristalle bleiben in den Becken zurück. Das Salz wird in drei Qualitätsstufen geerntet, wobei die tägliche Ernte das beste Salz ergibt, indem bei leichtem Wind aus der richtigen Richtung feinste Salzkristalle an den Rand geweht werden und dort abgekehrt werden können.

So erkennen Sie naturbelassenes Meersalz

● Durch den Verzicht auf Aufheller können Färbungen von Weiß bis zu Hellgrau auftreten – so blütenweiß

Meersalz ist aufgrund des Jodgehalts von Meerwasser automatisch auch »jodiert«.

Salzgärten auf Lanzarote: Oft wird das Meersalz in solchen Freiluftanlagen, die direkt hinter der Küste liegen, gewonnen.

wie raffiniertes Kochsalz ist naturbelassenes Meersalz nicht. (Eine graue Farbe allein gibt jedoch keinen Aufschluss über die Qualität: Auch eine Verschmutzung des Wassers könnte Ursache der Verfärbung sein.)

🔵 Eindeutig zu erkennen ist naturbelassenes Meersalz an seinem höheren Feuchtigkeitsgehalt. Da keine Rieselmittel verwendet werden, kleben die Salzkristalle leicht zusammen (ohne jedoch zu klumpen).

Achten Sie beim Kauf von Meersalz unbedingt darauf, dass es nicht maschinell, sondern von Hand geerntet und selektiert wurde, bevor es dann an der Sonne getrocknet wurde. So bleiben die wichtigen Mineralstoffe und Spurenelemente erhalten.

Aufgrund der Verschmutzung bestimmter Meeresgebiete stellt ein ökologisch gewonnenes Produkt natürlich den höchsten Qualitätsstandard dar.

info

Wie Kristallsalz, so eignet sich auch unraffiniertes, reines Meersalz zum täglichen Gebrauch in der Küche. Ebenso hat sich Meersalz für Badekuren und andere therapeutische Zwecke bewährt. In diesem Sinn ist das natürliche Meersalz eine kostengünstige Alternative zum teuren Kristallsalz aus dem Himalaja.

Thalassotherapie – Gesundheit aus dem Meer

Schon der griechische Arzt Hippokrates (460–375 v. Chr.) nutzte das Meerwasser zu Heilzwecken und empfahl es zur innerlichen und äußerlichen Anwendung bei bestimmten Erkrankungen. Im 17. Jahrhundert wurde Meerwasser das erste Mal in einem medizinischen Werk als hilfreich bei Verdauungsproblemen und Gelenkbeschwerden beschrieben; und schon im 18. Jahrhundert wurden in französischen und englischen Meerwasser-Kureinrichtungen rheumatische Erkrankungen, Anämie und Infektionskrankheiten behandelt. Aufsehen erregte schließlich der französische Biologe René Quinton, der in seinem 1904 veröffentlichten Buch »L'eau de mer, milieu organique« das erste Mal die physiologische Ähnlichkeit des Meerwassers mit dem menschlichen Blutplasma nachwies. Auch die Thalassotherapie (griechisch thalassa = Meer), eine anerkannte Therapieform zur Behandlung von chronischen Haut- und Atemwegserkrankungen sowie Erkrankungen des Bewegungsapparats, basiert auf dem Ansatz, dass die im Meerwasser (sowie in Meeresalgen, Plankton und Schlamm) enthaltenen Salze, Mineralien und Spurenelemente denen des Blutplasmas sehr ähnlich sind. Die Effekte einer Thalassotherapie sind folgende:

● Der Flüssigkeitsaustausch im Gewebe wird aktiviert.

● Zudem werden Durchblutung und Sauerstofftransport stimuliert, Entschlackungsprozess und Fettabbau gefördert, verkrampfte Muskeln gelockert sowie Schmerzen des Bewegungsapparats gelindert.

● Auch der Feuchtigkeitsgehalt von Haut und von Schleimhäuten wird reguliert.

Die Palette der kurmäßigen Anwendungen reicht von Badekuren mit Meersalz, Dusch- oder Sprudelbädern mit Algenzusätzen, Inhalationen von meerwasserhaltiger Raumluft, Trinkkuren mit Algentees und Meerwasser bis hin zu Algen- und Meerschlammpackungen für kosmetische Zwecke.

Thalassoprodukte gibt es auch für den Hausgebrauch. Wer entspannen möchte, gibt die Badezusätze einfach ins heimische Vollbad oder gönnt sich eine Packung fürs Gesicht.

Weltweit einzigartig – Salz aus dem Toten Meer

Der Mündungssee des Jordan, das Tote Meer in Israel, ist eine einzigartige Salzquelle. Da es keinen Abfluss besitzt, wird ihm nur durch die hohe Verdunstung Wasser entzogen. Die Folge: Das Meer wird »eingedickt«. Deswegen enthält das dortige Meersalz extrem hohe Konzentrationen an Natriumchlorid – etwa 30 Prozent im Gegensatz zu etwa drei Prozent bei normalem Meersalz – sowie hohe Konzentrationen an Mineralstoffen. Dieser Salzmix ist natürlich völlig unbekömmlich als Nahrungsmittel, er hat allerdings – bei äußerlicher Anwendung – eine heilkräftige Wir-

Salz aus dem Toten Meer gibt es – wie Thalassoprodukte – für die Selbstanwendung.

Thalassogesichtsmaske: Die Algen-Meerschlamm-Packung reguliert den Feuchtigkeitsgehalt der Haut.

»Eindickung« des Meerwassers: Das Tote Meer ist eine weltweit einzigartige Salzquelle.

Steinsalz – Grundlage für Kochsalz

Steinsalzvorkommen haben sich vor rund 200 Millionen Jahren durch das Verdunsten früherer Meere gebildet. Durch das Alter seiner Lagerstätten und seine geschützte Lage tief in der Erde ist das Steinsalz in der Regel frei von Schwermetallen, Ölen, Chemikalien und Strahlenbelastungen sowie reich an Mineralstoffen und Spurenelementen.

Meist wird das Salz nach bergmännischen Verfahren unter Tage abgebaut.

● Für den Abbau werden mächtige Kammern erstellt; die Gewinnung erfolgt durch Bohr- und Sprengarbeiten. Anschließend wird das Salz zutage gefördert, zerkleinert, gereinigt und für die einzelnen Anwendungsgebiete aufbereitet.

● Der »nasse« Salzabbau erfolgt durch die Gewinnung von Sole (siehe Seite 67f.).

Nach der Gewinnung wird das Steinsalz weiteren Verarbeitungsprozessen zugeführt, bis schließlich die Standardqualität des weißen Kochsalzes erreicht ist.

kung. Vor allem bei Hautkrankheiten (etwa Schuppenflechte) und bei Gelenkerkrankungen konnten mit Meersalzbehandlungen gute Erfolge erzielt werden.

Kurmäßige Anwendungen gibt es in Heilkliniken am Toten Meer, dessen Kur- und Badeorte teilweise schon in der Antike genutzt wurden. (Sowohl Kleopatra als auch die sagenumwobene Königin von Saba sollen sich mit Meersalz gepflegt haben.) Für zu Hause bzw. zur Nachbehandlung nach einer Kur gibt es hierzulande originales Totes-Meer-Salz zu kaufen, das für Bäder, Wickel etc. genutzt werden kann (siehe auch Seite 90ff.).

Grau heißt keineswegs schmutzig

Das unraffinierte Steinsalz hat eine graue Farbe und sieht für das an blütenweißes Salz gewöhnte Auge quasi schmutzig aus. Seit der Raffinierung des Salzes zu Kochsalz ist das Ausgangsprodukt zu Unrecht in Verruf geraten; es wurde als minderwertig betrachtet. Propagiert wurde das raffinierte Salz, während das graue Steinsalz beispielsweise Tieren als »Lecksalz« gegeben wurde (und wird). Steinsalz ist von seinen Inhaltsstoffen her jedoch weitaus gehaltvoller als das raffinierte Tafelsalz.

Wertigkeit von Salzen

Wenn man die verschiedenen Salzarten vergleicht, ergibt sich folgende Reihenfolge. An der Spitze stehen:
- Reines Kristallsalz, das in der Sonne getrocknet wurde
- Ökologisch gewonnenes Meersalz, das nicht selektiert und an der Sonne getrocknet wurde

Danach folgen mit Abstand:
- Unbearbeitetes Steinsalz, das ebenfalls noch gehaltvoll ist
- Raffiniertes Salz, unser herkömmliches Koch- bzw. Tafelsalz

Sole – »Hochzeit« von Wasser und Salz

Die Mixtur von Wasser und Salz ist auf unserem Planeten, aber auch in allen Lebewesen allgegenwärtig. Die beiden Bausteine des Lebens bilden gewissermaßen eine Synthese ihrer besten Eigenschaften – vorausgesetzt, es handelt sich um Wasser und Salz von hochwertiger Qualität. Wasser und Salz setzen auf diese Weise ein enormes Wirkungspotenzial frei, das Heilungsprozesse einleiten und unterstützen, aber auch generell einen entspannenden und harmonisierenden Effekt auf Körper, Geist und Seele haben kann. Um diese Wirkung zu erfahren, hat sich eine wahre Bergwerkskunst entwickelt. Im Folgenden finden Sie einen kurzen Überblick über die heimische Produktion.

Kleine Geschichte der Salz- und Solegewinnung

Salz wird seit etwa 3000 Jahren in Europa bergmännisch abgebaut. Im Salzbergwerk am Hallstätter See (im Salzkammergut) wurde erstmals das Salz mit der Hacke aus dem Ge-

Salzbergwerke sind gewaltige Anlagen: Das Kaiser-Franz-Sinkwerk im Salzbergwerk Berchtesgaden hat eine Deckenfläche von 3200 Quadratmetern und eine Höhe von 17 Metern.

Von Hallstatt führten die ältesten Salzstraßen an die Adria, ans Schwarze Meer, an die Nordsee und nach Frankreich.

stein geschlagen und mühsam auf dem Rücken zu Tal gebracht. So verfuhr man Jahrtausende, bis man in Hallstatt schließlich auf die Idee kam, das Salz direkt mit Wasser aus dem Felsen zu lösen. Mit diesem Verfahren wurde nicht nur die Salzgewinnung revolutioniert, sondern auch die Sole erfunden – und damit stand ein wirksames Heilmittel am Beginn seiner »Karriere«.

Der »nasse« Abbau im Bergwerk

Die klassische Methode der Solegewinnung ist die des Sinkwerksabbaus: Zwischen zwei Stockwerken im Bergwerk, den so genannten Horizonten, wird ein Hohlraum von beträchtlicher Größe, das Sinkwerk, ausgesprengt. Vom oberen Horizont aus wird ein schräger Schacht nach unten in den Hohlraum getrieben, über den der Hohlraum bis zur Decke mit Wasser aufgefüllt werden kann.

info

Die Sinkwerke wurden in den letzten Jahrzehnten außer Betrieb genommen und durch Bohrspülwerke bzw. Bohrlochsondentechnik ersetzt. Die ehemaligen Sinkwerke sind als gigantische Höhlen, entweder teilweise oder ganz von Wasser entleert, in den Bergwerken zu besichtigen.

Der Hohlraum und der untere Horizont werden durch einen verschließbaren Ablass miteinander verbunden. Der Hohlraum wird nun vollständig mit Wasser gefüllt, so dass auch die Decke unter Wasser steht. Der Prozess der Salzgewinnung kann beginnen.

◉ Das Salz wird vor allem aus der Decke ausgewaschen und vermischt sich dabei mit dem Wasser; das nicht lösliche Gestein sinkt zu Boden – aufgrund dieses Vorgangs entstand die Bezeichnung »Sinkwerk«.

◉ Ist die Sole voll gesättigt, weist sie also eine Salzkonzentration von etwa 26 Prozent auf, sollte sie noch ein paar Tage ruhen, bis sie schließlich über das Rohrleitungssystem abgelassen wird.

Genialer Transport – die Soleleitungswege

Soleleitungen von mehreren Kilometern Länge waren schon vor Jahrhunderten zu Beginn des »nassen« Bergbaus keine Seltenheit.

Eines der imposantesten Soleleitungssysteme ist im Berchtesgadener Land anzutreffen. Vom Salzbergwerk in Berchtesgaden aus rauschte die

Sole über Berg und Tal bis nach Reichenhall hinunter – und das nicht etwa immer nur bergabwärts, sondern den Tälern und Pässen folgend bergauf und bergab.

Georg von Reichenbach, der Konstrukteur des Leitungssystems, baute drei gigantische Pumpen ein, von denen die größte 356 Höhenmeter überwinden musste; die »Reichenbach-Pumpe« war 1817, als die Soleleitung erbaut wurde, die größte Maschine der Welt. Die Rohre der Soleleitung waren aus Holz gebaut, indem man Fichten und Tannenstämme abholzte, bearbeitete und längs mit dem »Deichelbohrer« ein Loch hindurchfräste.

Leitungen aus Holz

Deutlich länger, aber technisch nicht so anspruchsvoll sind die Soleleitungen von Reichenhall nach Traunstein und Rosenheim. Die Leitung nach Traunstein, die älteste Pipeline der Welt, wurde 1619 in Betrieb genommen – einzig aus dem Grund, weil um Reichenhall kaum mehr Bäume, bei Traunstein aber noch genügend Wälder zu finden waren, die den enormen Brennholzbedarf der Sudhäuser decken konnten.

200 Jahre später war auch um Traunstein nicht mehr ausreichend Brennholz vorhanden, und eine weitere Soleleitung wurde von Reichenhall nach Rosenheim gebaut.

Heute führt eine moderne Pipeline von Berchtesgaden auf kürzestem Weg über Hallturm nach Bad Reichenhall zur Saline.

Pumpe für die alte Soleleitung im Quellenbau der Bad Reichenhaller Saline (links). Alte Saline: Von hier aus führten die Soleleitungen kilometerweit (rechts).

Die Verarbeitung der Saline

Eine einfache Saline besteht aus flachen Becken, in denen die Sole eintrocknet (Salzgärten). Ansonsten werden Sudpfannen mit Verdampfungssystemen benutzt.

Das Gradierwerk als Kurmittel: Auf dem Reisig fängt sich gesättigte Sole, die inhaliert werden kann.

Die über die Soleleitung in die Sudhäuser gelangte Sole wurde dort erhitzt, das Wasser verdampfte, und das Salz blieb in reinem Zustand zurück. Bei der traditionellen Verarbeitung musste das Wasser so lange erhitzt werden, bis die Salzkonzentration mindestens 26 Prozent betrug – denn erst ab diesem Sättigungsgrad beginnt das Salz auszukristallisieren. Dieser Prozess kostete enorm viel Energie, die man früher nur durch das Verbrennen riesiger Holzbestände gewinnen konnte. In der Folge war in der weiteren Umgebung der Salinen schon bald kein einziger Baum mehr im zugänglichen Gelände zu finden.

Erst als die Salinenstädte mit Bahnstrecken erschlossen wurden, verwendete man Kohle zur Erhitzung der großen Siedepfannen. Dies war jedoch wegen der oft langen Transportwege keine billige Alternative. Die Wirtschaftlichkeit der Salinen begann zu sinken, und so manche Salinenstadt musste um ihre Existenz bangen.

Gradierwerke

Die Rettung der Salinen nahte mit der Erfindung des Gradierwerks: In langen überdachten Gängen wurden Holzgerüste haushoch mit Schwarzdornästen oder Reisig belegt, und man ließ die schwach gesättigte Sole von oben darüber rieseln. Durch die so entstandene große Verdunstungsfläche wurde die Sole ohne großen Energieaufwand gesättigt. Man wiederholte den Vorgang so lange, bis der gewünschte Sättigungsgrad erreicht war.

In einigen Orten, wie beispielsweise in Bad Reichenhall, sind noch Gradierwerke vorhanden, die nicht mehr ihrem ursprünglichen Zweck dienen, sondern als Therapiemittel im Rahmen einer Kur eingesetzt werden.

Moderne Solegewinnung

Heutzutage wird das Wasser in hochmodernen Anlagen mit geringem Energieeinsatz verdampft, wobei die Sole durch heißen Dampf zum Sieden gebracht wird. Energie wird eingespart, indem das Prinzip des Thermokompressionsverfahrens zum Einsatz kommt, bei dem der bei der Versiedung entstehende Abdampf von einem Kompressor angesaugt und verdichtet wird. Die dabei entstehende Wärme dient abermals zur Beheizung desselben Verdampfers. Es entsteht ein Salzbrei, der fortwährend aus den Siedebehältern entnommen wird. Das Salz wird in der Zentrifuge von der restlichen Sole getrennt und mit Heißluft getrocknet.

Die Heilwirkung von Salzanwendungen

Die heilende Wirkung von naturbelassenem Salz für verschiedene Erkrankungen, so vor allem für Atemwegs- und Hauterkrankungen, ist medizinisch anerkannt. Dies gilt für reines natürliches Meersalz ebenso wie für Kristallsalz bzw. für die Anwendungen von Wasser und Salz,

also von Sole. Allerdings: Auch wenn die kristalline Struktur des Himalaja-Kristallsalzes durch die besondere geologische Formation tatsächlich homogener als andere naturbelassene Salze sein sollte, so ist und bleibt auch Kristallsalz ein Salz. Und als solches muss es bei bestimmten Gesundheitsstörungen mit Vorsicht genossen werden.

Was Probleme bereiten kann

Man sollte immer bedenken, dass sich in einem gesunden Organismus alle lebensnotwendigen Biostoffe dank der körpereigenen Regulationsmechanismen in einem natürlichen Gleichgewicht befinden. Die vermehrte Zufuhr eines dieser Stoffe zieht auf Dauer unweigerlich nach sich, dass diese Mechanismen, die auf eine ständige Ausgewogenheit der verschiedenen Komponenten und ihrer jeweiligen Gegenspieler (Antagonisten) abzielen, außer Kraft gesetzt werden. So sei in diesem Zusammenhang noch einmal an das Wechselverhältnis von Natrium und Kalium erinnert, welches das empfindliche Wassergleichgewicht inner-

Salz hat seit alters seinen Platz im Repertoire der Hausmittel: Nasenspülungen mit Salz wurden z. B. bei Schnupfen angewendet, Salzwickel bei Gelenkbeschwerden.

Bei Bluthochdruck-
patienten unter-
scheiden Mediziner
mittlerweile zwi-
schen salzsensitiven
und nicht salzsensi-
tiven Patienten. Im
ersten Fall kann mit
salzreduzierter Kost
eine Senkung des
Blutdrucks erreicht
werden; im zweiten
Fall scheint dies
weniger eine Rolle
zu spielen.

halb und außerhalb der Zellen auf-
rechterhält, oder daran, dass ein aus-
geglichenes Verhältnis von Wasser
und Salz lebensnotwendig für die
Regulierung des Blutdrucks und
anderer wichtiger Funktionen des
Körpers ist. Schon allein deshalb sollte man es mit der Aufnahme von Salz
nicht übertreiben – ganz egal, um
welches Salz es sich handelt.

Soletrinkkuren – nicht für jeden empfehlenswert

Im folgenden Kapitel stellen wir Ihnen
Soleanwendungen vor, die sich bei
einer Vielzahl von unterschiedlichen
Beschwerden bewährt haben, so u. a.
bei einer gestörten Verdauungsfunk-
tion oder bei chronischen Atemwegs-
und Hauterkrankungen. Doch zuvor
noch ein Wort zu den Natursolekon-
zentrationen, die als Trinkkur eingesetzt werden sollen – denn sie sind
für manche Menschen nicht immer
ganz unproblematisch.

Vorsicht bei Neigung zu Bluthochdruck

Den Soletrinkkuren mit Kristallsalz
werden zahlreiche gesundheitsfördernde Wirkungen nachgesagt. Von

einigen Ärzten und Heilpraktikern
wird empfohlen, täglich auf nüchternen Magen ein Glas 26-prozentige
Sole zu trinken. Manche Menschen
reagieren jedoch auf die regelmäßige
Einnahme von Sole empfindlich. Dies
gilt insbesondere für Personen, die
übergewichtig sind und/oder zu Bluthochdruck neigen – auch wenn einige Kristallsalzexperten das Gegenteil
behaupten. Solange noch keine
Langzeitstudien über den Einfluss
von Kristallsalz auf Bluthochdruck
vorliegen, sollten die Betroffenen die
Trinkkur – wenn überhaupt – nur
unter entsprechender ärztlicher
Anleitung durchführen.

Vorsicht bei Nierenproblemen

Manche Menschen leiden an einer
Nierenschwäche (Niereninsuffizienz),
die jedoch über einen längeren Zeitraum »stumm« verläuft, also keine
auffälligen Beschwerden verursacht
und daher erst einmal unbemerkt
bleibt. Auch für sie sind Soletrinkkuren ungeeignet, da die ohnehin
geschwächten Nieren durch die
Salzaufnahme zusätzlich beansprucht
werden.

Vorsicht bei Herz- und Kreislaufproblemen

Schließlich sollten Menschen mit einer Herzinsuffizienz oder mit anderen Herz-Kreislauf-Problemen auf die innerliche Anwendung von Sole verzichten.

Was Sie beachten sollten

● Unterziehen Sie sich zunächst einer sorgfältigen ärztlichen Untersuchung, und führen Sie nur dann eine Soletrinkkur durch, wenn Ihr behandelnder Arzt, Naturarzt oder Heilpraktiker diese Maßnahme für Sie als unbedenklich erachtet.

● Wichtig bei Soletrinkkuren: Gerade eine schleichend verlaufende Niereninsuffizienz kann auch mit schulmedizinischen Untersuchungsmethoden häufig erst im Endstadium zweifelsfrei diagnostiziert werden. Wertvolle Hinweise kann eventuell die Kirlian-Fotografie geben, die bei Nierenschwäche eine signifikante Strahlung anzeigt.

Die Kirlian-Fotografie ist ein diagnostisches Verfahren der Alternativmedizin, bei dem die so genannte Korona (Aura, bioenergetisches Feld) eines Organs oder Körperteils fotografiert wird. Vor der Aufnahme wird der entsprechende Körperteil von einer elektrischen Ladung durchströmt.

Erste Anzeichen für chronische Niereninsuffizienz

Da die Nieren über große Reservekapazitäten verfügen, bleibt eine chronische Niereninsuffizienz häufig erst einmal unbemerkt. Erst im Endstadium – also dann, wenn Wasser und harnpflichtige Substanzen im Körper verbleiben, anstatt ausgeschieden zu werden – kommt es zu schweren Symptomen, z. B. zu Flüssigkeitsansammlung in der Lunge, Krampfanfällen oder einer Überlastung des Herzes. Erste Anzeichen für eine chronische Niereninsuffizienz sind:

- Regelmäßig auftretende Augenschwellungen und/oder Anschwellen der Finger und Fußknöchel

- Schwächegefühl, Kopfschmerzen, Konzentrationsschwäche, Müdigkeit

- Verstärkung eines bereits bestehenden Bluthochdrucks, da auch die blutdruckregulierende Funktion von geschwächten Nieren zunehmend nachlässt

Exkurs – Natrium chloratum

Dass Kochsalz durchaus auch eine heilende Wirkung haben kann, weiß man durch die Homöopathie. Denn hier spielt Kochsalz oder Natrium chloratum (auch Natrium muriaticum) von jeher eine wichtige Rolle – und zwar sowohl als Akutmittel wie auch als Konstitutionsmittel.

Schon Samuel Hahnemann unterzog das Mittel einer umfangreichen Arzneimittelprüfung, und das Arzneimittelbild von Natrium chloratum, wie es in den heutigen homöopathischen Lehrbüchern nachzulesen ist, geht im Wesentlichen auf die von ihm und seinen Schülern entwickelte Mittelbeschreibung zurück.

Der Natrium-chloratum-Typ

Natrium chloratum gilt als hilfreiches Mittel vor allem bei periodisch auftretenden Beschwerden, z. B. Fieber, Neuralgien, Migräne bzw. Kopfschmerzen nach geistiger Anstrengung oder nervösen Herzstörungen. Aber auch bei chronischen Leiden wie Anämie, Kreuz- bzw. Rückenschmerzen, Verstopfung oder Bronchitis sowie bei Grippeepidemien oder einer verschleppten Malaria hat sich das Mittel bewährt. Dabei sind jedoch weniger die körperlichen Symptome als vor allem die Gemütsverfassung des Betroffenen ein wichtiges Leitsymptom für Natrium chloratum. So ist der Gemütszustand des Natrium-chloratum-Typs vor allem von tiefer Hoffnungslosigkeit und Verzweiflung gekennzeichnet, und seine niedergeschlagene Stimmung bessert sich auch durch Zuspruch durch andere nicht. Im Gegenteil: Verschlossen, in sich gekehrt und abweisend legt dieser Typ großen Wert auf seelische Distanz. Auf Anteilnahme reagiert er gereizt und wütend, denn gerade dies empfindet er als unangemessene Einmischung in seine Privatsphäre. Kränkungen trägt er lange nach; außerdem kann er ärgerliche Gedanken, Kummer und Sorgen nicht loslassen, sondern muss ständig darüber nachdenken. Nachts reißen ihn seine trüben Gedanken regelrecht aus dem Schlaf. Charakteristisch ist auch seine Weinerlichkeit. So beschrieb Hahnemann Natrium chloratum als eines der tränenreichsten Mittel, da der Natrium-

Für die Homöopathie gibt es noch manches Rätsel um Natrium chloratum zu lösen: So weiß man z. B. bis heute nicht, warum das Kochsalz, das im zur Verreibung verwendeten Milchzucker enthalten ist, nicht bereits eine Natrium-chloratum-Wirkung entfaltet.

chloratum-Typ weint, »wenn ihn jemand nur ansieht«. Ein weiterer wichtiger Anhaltspunkt ist, dass der Betroffene – trotz gesunden Appetits und reichhaltigen Essens – abgemagert bzw. hager ist. Die Gesichtsfarbe ist blass und fahl, die Haut welk. Zugleich besteht großer Durst, denn die Schleimhäute sind chronisch trocken – etwa so, wie man auch großen Durst nach einer besonders salzreichen Mahlzeit verspürt. Schließlich ist auch eine geistige und körperliche Erschöpfung charakteristisch; zudem besteht die Neigung zu Zittern und Frösteln.

Verschlimmerung durch Meeresluft

Wertvolle Hinweise darauf, dass Natrium chloratum das passende Mittel sein könnte, sind die Faktoren, die die Beschwerden verschlimmern können, da sie teilweise relativ außergewöhnlich sind. Wenn z. B. ein Aufenthalt am Meer eine Verschlimmerung der Beschwerden hervorruft, muss man vor allem an Natrium chloratum denken. Ebenso besteht eine Unverträglichkeit gegen Sonnenbestrahlung, weshalb die Beschwerden

Bei Kindern besonders beliebt: Die homöopathischen Globuli, die Kügelchen aus Milchzucker.

im Sommer oft besonders stark ausgeprägt sind. Typisch ist auch, dass sich die Beschwerden während des Aufstehens bis 11 Uhr sowie unmittelbar nach einer Mahlzeit verschlimmern. Zu einer Besserung kommt es vor allem nachmittags und abends, aber auch nach der Stuhlentleerung oder wenn der Magen leer ist. Schließlich ist eine massive Abneigung gegen Schwarzbrot charakteristisch. Eine Besserung tritt dagegen im Freien, durch Kaltwaschungen oder Schwitzen am Abend ein. Auch tut es dem Natrium-chloratum-Typ gut, wenn er sich auf den Rücken legt und das schmerzende Kreuz mit einem Kissen abstützt.

Bei Kindern, für die Natrium chloratum das passende Mittel ist, ist ein Entwicklungsrückstand charakteristisch: Sie lernen spät laufen oder sprechen.

Lebendiges Wasser und naturbelassenes

Salz – eine gesundheitsfördernde und

heilende Verbindung

Soleanwendungen –
heilen mit **Wasser** *und* **Salz**

Schon Paracelsus pries die gesundheitsfördernden Wirkungen der »Sulzen des Salzes«, wie die Sole damals genannt wurde. Zwar begann die organisierte Therapie in den Salinenstädten – also direkt dort, wo man die Sole verarbeitete – erst um 1800, doch galt Sole eigentlich schon immer als wirksames Heilmittel gegen eine Vielzahl von Beschwerden. Ob zu Hause oder im Kurort – heute ist die Sole zur Behandlung bestimmter Erkrankungen nicht mehr wegzudenken. Dieses Kapitel unterteilt sich in zwei Teile: Teil eins gibt einen Überblick über Anwendungen mit Kristallsalz; Teil zwei stellt die Anwendungen mit Meersalz vor (einschließlich solcher mit Salz aus dem Toten Meer).

Anwendungen mit Kristallsalz

Naturbelassenes Kristallsalz und lebendiges, reines Wasser – etwa levitiertes Wasser oder Wasser, das z. B. mit den energetischen Informationen eines Quarzkristalls (siehe Seite 38) angereichert ist – sind ideale Partner für Sole.

Solebäder

Die vielen Möglichkeiten, in Sole zu baden, können grundsätzlich in zwei Kategorien eingeteilt werden: das Solewannenbad zu Hause und die Anwendungen von Sole in den »Salz«-Kurorten. Zudem wird neuerdings in modernen Schwimmbädern das Baden in Solebecken angeboten.
Das Solebad in der eigenen Badewanne ist die am wenigsten aufwändige Methode, um in den Genuss der Heilwirkung von Sole zu gelangen. Da Sole in der für ein Wannenbad erforderlichen Menge nicht im Handel gekauft werden kann, müssen Sie die Sole selbst herstellen. Dazu benötigen Sie gemahlenes Kristallsalz, das in Reformhäusern oder Apotheken, aber auch beispielsweise in Naturkostläden erhältlich ist.
Das Baden in Sole (mit einer Sättigung von ca. 26 Prozent) empfiehlt sich bei den folgenden Erkrankungen:
- Erkältungen, grippalen Infekten
- Hauterkrankungen wie Psoriasis (Schuppenflechte), Neurodermitis, Akne, Hautirritationen
- Erkrankungen des rheumatischen Formenkreises und (degenerativen) Gelenkerkrankungen

Im indischen Ayurveda gibt es die Lehre von den drei Doshas (Vata, Pitta, Kapha). Jeder Mensch trägt eine unterschiedliche Gewichtung der Doshas in sich. Salzanwendungen, insbesondere Soletrinkkuren, sind für Menschen, die eher dem Pitta-Typ entsprechen, nicht geeignet.

○ Chronischer Infektanfälligkeit bei Kindern

○ Rekonvaleszenz nach Operationen

○ Frauenleiden

○ Schwäche des Immunsystems

○ Verschlackung des Körpers

In der Handhabung sehr einfach sind die auf dem Markt erhältlichen Salzsäckchen mit einem Inhalt von 1,2 Kilogramm Kristallsalz. Legen Sie einfach eins davon komplett ins Badewasser.

Anwendung

○ Nehmen Sie etwa 1 Kilogramm fein gemahlenes Kristallsalz, und geben Sie es in die etwa halb mit lauwarmem Wasser gefüllte Badewanne.

○ Lassen Sie das Wasser so lange ruhen, bis sich das Kristallsalz ganz aufgelöst hat (etwa zwischen 45 und 60 Minuten).

○ Nach der Auflösung des Salzes füllen Sie die Badewanne mit so viel warmem Wasser auf, dass die Wassertemperatur 37 °C beträgt und damit weitgehend der Körpertemperatur entspricht. Wenn Ihre Badewanne 100 Liter Wasser fasst (wobei die Wasserverdrängung durch Ihren Körper berücksichtigt werden muss), erhalten Sie mit etwa 1 Kilogramm Salz eine Salzkonzentration von ca. 1 Prozent.

Ein Kissen mit Salzkristallen kann trocken oder nass (für die Badewanne) verwendet werden.

○ Verwenden Sie für das Solebad keine anderen Badezusätze, und lassen Sie auch keine Seife in die Sole gelangen.

○ Baden Sie etwa 20 Minuten in der Sole. Zu Beginn der Anwendungsperiode sollten Sie allerdings weniger lang baden. Erst allmählich sollten Sie die Badedauer schrittweise steigern.

○ Nach dem Baden sollten Sie die Sole nicht abduschen, sondern das kristallsalzhaltige Wasser auf der Haut trocknen lassen.

Trockenes Kristallsalzkissen

Die ursprünglich für das Solewannenbad vorgesehenen Kristallsalzsäckchen bzw. Kristallsalzkissen können auch trocken angewendet werden. Sie gelten als wirksames Mittel zur Schmerzlinderung.

Anwendung

○ Erwärmen Sie das Salzkissen auf 50 bis 70 °C, indem Sie es kurz in den Backofen legen.

○ Legen Sie das Kissen dann auf die schmerzende Stelle auf, bis es ausgekühlt ist.

Soleinhalation

Die Inhalation von Sole ist bei den folgenden Beschwerden hilfreich:

● Erkrankungen der oberen und unteren Luftwege (z. B. Asthma bronchiale, Bronchitis)

● Akuten und chronischen Nebenhöhlen- und Ohrenentzündungen

Anwendung

● Geben Sie etwas gesättigte Sole in eine Schüssel mit heißem Wasser, beugen Sie sich mit einem Tuch über dem Kopf darüber, und inhalieren Sie etwa 10 bis 15 Minuten lang.

● Die Wirkung tritt etwa 30 Minuten nach dem Inhalieren ein, weil sich erst dann die Gifte durch Schleim- und Sekretbildung binden können und durch einen leichten Hustenreiz abgehustet werden.

● Je nach Befinden können Sie die Soleanwendung mehrmals täglich wiederholen.

Auch das Raumklima können Sie mit Kristallsalzsole verbessern. Geben Sie etwas Sole in das Wasser der Verdunstungsschale einer Duftlampe. Mischen Sie die Lösung eventuell mit einem Aromaöl.

Inhalationen im Gradierwerk

Inhalationskuren werden in verschiedenen Kurorten angeboten. Eine Besonderheit bietet in dieser Hinsicht Bad Reichenhall mit seinem imposanten Gradierwerk, das wie ein riesiges Inhalationsgerät mitten im Kurpark steht und heute noch voll funktionsfähig ist. Es hat jedoch nie als Gradierwerk der Erzeugung von Salz gedient, sondern wurde 1912 als wirksames Heilmittel im Zentrum der Kuranlagen erbaut.

Das 180 Meter lange Gebäude enthält 200 000 Weißdorn- und Schwarzdornbündel, die täglich von etwa 300 000 Liter Sole aus einer Höhe von 13 Metern berieselt werden.

Um in den vollen Genuss des Inhalationseffekts zu kommen, empfiehlt es sich, an der dem Wind abgewandten Seite des Gebäudes täglich etwa eine Stunde auf und ab zu gehen und dabei langsam und ruhig durch die Nase ein- und auszuatmen. Die mit Salz und feinsten Wassertröpfchen angereicherte Luft dringt auf diese Weise tief in die Atemwege ein. Dadurch werden die Atemwege gereinigt, und die Durchblutung der Schleimhäute wird angeregt.

Soletrinkkur

Die Trinkkur dient u. a. der Vorbeugung und Linderung von folgenden Gesundheitsstörungen:

◉ Magen-, Gallenblasen- und Leberbeschwerden

◉ Chronischen Verdauungsproblemen

◉ Harnwegsinfektionen

◉ Rachen- und Halsbeschwerden

◉ Zahnfleischentzündungen

Sie sollte jedoch nur nach ärztlicher Absprache durchgeführt werden (siehe auch Seite 72ff.).

Eine Trinkkur ist fester Bestandteil von Kuraufenthalten. Für eine Trinkkur zu Hause sollten Sie jedoch unbedingt die Meinung Ihres Hausarztes bzw. Ihres Heilpraktikers einholen, da diese Anwendung nicht für jeden geeignet ist und möglicherweise gesundheitsschädigend sein kann.

Anwendung

◉ Lösen Sie 1 Teelöffel gesättigte Sole (zur Soleherstellung siehe den unten stehenden Kasten) in 1 Glas Wasser (200 Milliliter) auf.

◉ Trinken Sie die Flüssigkeit jeden Morgen vor dem Frühstück auf nüchternen Magen – am besten in langsamen Schlucken.

◉ Sofern keine Kontraindikationen vorliegen, empfiehlt es sich, die Trinkkur mehrere Wochen lang durchzuführen.

So stellen Sie gesättigte Sole her

◌ Nehmen Sie ein verschließbares Glas, z. B. ein sauberes Marmeladenglas, und geben Sie einen oder mehrere Salzkristalle hinein. Die Kristalle können sowohl in kleinen Stücken als auch in gemahlenem Zustand sein.

◌ Füllen Sie so viel Wasser hinzu, dass alle Salzkristalle mit dem Wasser (am besten ist hierzu Quellwasser geeignet) bedeckt sind.

◌ Lassen Sie die Mischung etwa 1 Stunde stehen, um eine Sole mit etwa 26 Prozent Sättigung zu erhalten. Ist sie erreicht, lösen sich die restlichen Kristalle nicht mehr auf.

◌ Gießen Sie die benötigte Menge von Sole ab, und schließen Sie das Gefäß wieder. Der Inhalt ist unbegrenzt haltbar, denn in der Sole haben Pilze, Bakterien, Viren und Keime keine Chance, sich zu vermehren. Sie können den Vorgang der Soleproduktion jederzeit wieder in Gang setzen, indem Sie – je nach Bedarf – frisches Wasser bzw. neues Kristallsalz hinzugeben.

Nasen- und Mundspülung

Nasen- und Mundspülungen mit Sole werden in der Regel zu Hause durchgeführt, da sie vor allem akute Erkrankungen oder Befindlichkeitsstörungen lindern, etwa:

- Heuschnupfen
- Rachenentzündung
- Schnupfen und Nasennebenhöhleninfektionen
- Zahnfleischbluten
- Mundgeruch

Anwendungen

- Lösen Sie 1 Gramm Kristallsalz in 100 Milliliter lauwarmem Wasser auf.
- Ziehen Sie die Lösung nun in das eine Nasenloch hoch (nicht nach hinten laufen lassen). Dann lassen Sie sie wieder aus der Nase laufen. Verfahren Sie ebenso mit dem anderen Nasenloch.
- Für die Nasenspülung können Sie auch eine Nasendusche oder eine Nasenkanne (in der Apotheke erhältlich) benützen.
- Bei einer Mundspülung nehmen Sie einen Schluck Solelösung und bewegen die Flüssigkeit im Mund hin und her. Bei Rachenproblemen können Sie auch damit gurgeln.

Augenspülung

Eine Augenspülung mit Sole ist außerordentlich wohltuend und eignet sich, um Augenbeschwerden zu lindern. Insbesondere durch äußere Einflüsse hervorgerufene Beschwerden wie allergische oder Überempfindlichkeitsreaktionen auf Pollen, Computerstrahlung und Heizungsluft können gut behandelt werden. Aber auch chronische Augenleiden erfahren durch die Spülung mit Sole oft eine deutliche Besserung. Bei akuten Beschwerden sollte die Anwendung zwei- bis dreimal täglich erfolgen, bis die Beschwerden abklingen. Chronische Erkrankungen behandeln Sie am besten über einen längeren Zeitraum ein- bis zweimal täglich.

Anwendung

- Die Augenspülung wird mit einer so genannten Augenbadewanne, die im Sanitärhandel erworben werden

info

Halten Sie sich bei Spülungen an die Mengenangabe, denn nur Sole mit nicht mehr als einem Prozent Salz wird im Allgemeinen als angenehm empfunden. Beachten Sie das richtige Mischungsverhältnis: Ein Gramm Kristallsalz (oder Sole) auf 100 Milliliter bzw. zehn Gramm Salz oder Sole auf 1000 Milliliter Wasser ergeben eine einprozentige Sole.

Achten Sie bei Augenspülungen unbedingt auf die Qualität des Wassers. Zwar wirkt Salz desinfizierend, doch wenn verunreinigtes Wasser verwendet wird, ist das für die Augenschleimhäute schädlich.

Ein altes Hausmittel: mit Sole getränkte Wickel.

kann, durchgeführt. Sie erfolgt erst mit dem einen, dann mit dem anderen Auge.

⊙ Setzen Sie eine 1-prozentige Sole mit destilliertem Wasser oder auch Quellwasser an. Achten Sie darauf, dass die Salzkonzentration keinesfalls höher ist. Denn nur diese Konzentration entspricht der Tränenflüssigkeit und verursacht in den Augen kein Brennen.

⊙ Reinigen Sie die Wimpern und Augenlider gegebenenfalls gründlich von Make-up.

⊙ Füllen Sie die Augenbadewanne mit der Solelösung.

⊙ Halten Sie die Augenbadewanne direkt an das untere Lid eines Auges, und legen Sie den Kopf eventuell

leicht nach hinten, so dass das Auge mit der Solelösung benetzt werden kann.

⊙ Schlagen Sie die Wimpern einige Male auf und zu, um eine gleichmäßige Verteilung zu erreichen.

⊙ Das geöffnete Auge kreisen Sie dann einige Zeit lang.

⊙ Wiederholen Sie die Anwendung mit dem anderen Auge.

Salzhemd

Eine Abwandlung des spanischen Mantels von Sebastian Kneipp ist das Salzhemd. Es wird wie folgt eingesetzt:

⊙ Als Entgiftungsmaßnahme

⊙ Bei grippalen Infekten mit hohem Fieber

⊙ Zur Stoffwechselaktivierung

Anwendung

⊙ Tauchen Sie ein sauberes Baumwollhemd in eine etwa 3-prozentige Sole (30 Gramm Kristallsalz auf 1 Liter Wasser) ein.

⊙ Wringen Sie das Hemd gut aus, und ziehen Sie es feucht an.

⊙ Wickeln Sie sich in ein trockenes Frottiertuch, und legen Sie sich zugedeckt ins Bett.

● Nach etwa 30 Minuten sollten Sie zu schwitzen beginnen.

● Bleiben Sie mindestens noch weitere 30 Minuten im Bett, ziehen Sie dann das Hemd aus, und duschen Sie den Schweiß ab.

Salzsocken

Die gesundheitsfördernde Wirkung der Salzsocken beruht auf dem gleichen Prinzip wie die des Salzhemds. Salzsocken haben sich insbesondere bewährt bei:

● Chronisch kalten Füßen

● Gicht

Anwendung

● Tauchen Sie ein Paar saubere Baumwollsocken in eine 5-prozentige Sole (Herstellung: 50 Gramm Salz auf 1 Liter Wasser).

● Wringen Sie die Socken gut aus, und ziehen Sie sie feucht an.

● Wickeln Sie die Füße in ein trockenes Handtuch, und ruhen Sie etwa 60 Minuten lang.

Exkurs – Soleschlick

Der sich auf dem Boden eines Sinkwerks ansammelnde Schlick aus Sole und anderen mineralischen Bestandteilen wird auch Laist genannt. Er wird allgemein als besonders wertvolles Therapeutikum angesehen, weil in ihm nicht nur die Bestandteile des ausgelösten Salzes, sondern zudem Mineralstoffe und Spurenelemente des von der Decke des Sinkwerks stammenden Gesteins enthalten sind. Soleschlick kommt nach der Entleerung des Sinkwerks in einem gesteinharten Zustand zum Vorschein, so dass er in einer Spezialmühle gemahlen und anschließend mit Kristallsalzsole zu Schlick rückverdünnt werden muss.

Die Wirkungsweise des Laists ist in erster Linie auf physikalische, mechanische Effekte zurückzuführen. Denn durch die Kombination der verschiedenen Mineralstoffe mit den Salzen kommt es auf der Haut zu einem osmotischen Reiz, der für eine verbesserte Hautdurchblutung und gesteigerte Stoffwechseltätigkeit sorgt und Entzündungsprozessen entgegenwirkt.

Soleschlick (Laist) wird in der Regel als Suspension angeboten und ist in Apotheken und Reformhäusern erhältlich. Die Anwendung der streichfähigen grünlichen Masse kann pro-

Der Laist wird aus aufgelassenen Sinkwerken gewonnen und unter strengen Qualitäts- und Hygienevorschriften in verschiedenen Salzkonzentrationen für die medizinische und kosmetische Anwendung aufbereitet.

blemlos zu Hause erfolgen. Laist hat sich insbesondere bei Hauterkrankungen wie Neurodermitis, Psoriasis (Schuppenflechte) und auch Akne bewährt.

Generelle Anwendung

⊙ Tragen Sie die gebrauchsfertige Suspension dünn auf die betroffene Hautpartie auf, und lassen Sie sie trocknen. Denn während des Trocknens entsteht der hautwirksame Effekt.

⊙ Nach etwa 15 bis 20 Minuten – in dieser Zeitspanne müsste der Laist vollständig getrocknet sein – waschen Sie die Suspension nun mit klarem Wasser ab.

⊙ Zur Nachbehandlung sollten Sie eine fetthaltige Salbe auf die behandelten Stellen auftragen.

⊙ Halten Sie sich im Übrigen an die Anleitungen auf der Packungsbeilage.

Peloidmaske mit Soleschlick

Die grünliche Gesichtsmaske aus Soleschlick, die im Naturkost- bzw. Naturkosmetikfachhandel erhältlich ist, dient überwiegend kosmetischen Zwecken, u. a. zur:

⊙ Natürlichen Regenerierung der Gesichtshaut

⊙ Neutralisierung von Hautunreinheiten

⊙ Verhinderung übermäßiger Faltenbildung

⊙ Straffung vor allem der oberen Hautschichten

Anwendung

⊙ Tragen Sie 1-mal pro Woche den Soleschlick sehr dünn auf die Gesichtshaut auf, wobei Sie sowohl Teile der Gesichtshaut behandeln als auch eine komplette Gesichtsmaske auftragen können.

⊙ Lassen Sie den Schlick etwa 15 bis 20 Minuten eintrocknen.

⊙ Reinigen Sie danach das Gesicht mit Wasser (bitte keine Seife o. Ä. verwenden).

Peeling mit Soleschlick und Kristallsalz

Mit dieser Mischung aus Soleschlick und Kristallsalz wird die Haut entschlackt, altes Zellgewebe gelöst und auf diese Weise eine Straffung erreicht. Stellen Sie dazu eine Peelingmischung aus 40 Prozent Soleschlick, 10 Prozent feinem gemahle-

Auf dem (Natur-)-Kosmetikmarkt gibt es verschiedene Schlick- und Schlammanwendungen. Ebenso sind Präparate mit Meersalz bzw. Thalassopräparate erhältlich.

nen Kristallsalz, 45 Prozent Macadamianussöl und 5 Prozent naturreinem ätherischen Lavendelöl her.

Anwendung

- Legen Sie sich auf eine geeignete Unterlage (am besten auf ein Leinentuch).
- Lassen Sie sich die Mischung am ganzen Körper oder an Teilbereichen einmassieren. Selbstverständlich können Sie dies auch selbst tun, müssen dann aber auf einen Teil des Wohlfühleffekts verzichten.
- Decken Sie sich mit einer Wolldecke zu, und relaxen Sie etwa 30 bis 60 Minuten.
- Duschen Sie sich danach nur mit Wasser ab.

Salzkristalllampen

Lampen aus massivem Salzkristall haben Hochkonjunktur. Dabei wird den Kristallsalzlampen vor allem eine gesundheitsfördernde Wirkung zugesprochen, da sie durch Ionisierung der Luft das Raumklima positiv beeinflussen sollen. Dieser Effekt soll durch die Abgabe eines negativen Ions an die Luft erfolgen, womit das von Fernsehen, Computer, Klimaanla-

gen und anderen elektrischen Geräten verursachte Ungleichgewicht der Ionenladung der Luft (zu viele positive Ionen) wieder ausgeglichen werden soll. Wissenschaftler bezweifeln, dass die Trennung von positiven und negativen Ionen im Kristallsalz mit so wenig Wärmeenergie, wie sie eine Glühbirne an das Salz abgibt, möglich ist. Unbestritten ist: Das warme Licht und die wunderschönen Farben einer Salzkristalllampe erzeugen ein Wohlgefühl, das bei stressgeplagten Menschen zweifellos wie eine Therapie wirken kann.

Sanftes warmes Licht und zusätzliche Ionisierung der Luft: Salzkristalllampen fördern ein positives Raumklima.

Floatarium

Eine Neuheit in Kurbädern ist das so genannte Kristallsalz-Floatarium – eine besondere Form des Solebads, bei dem jedoch gesättigte Sole verwendet wird.

Im Floatarium erleben Sie ein Gefühl der Schwerelosigkeit, denn durch die Salzkonzentration von ca. 26 Prozent schwimmen Sie auf der Flüssigkeit, ohne sich bewegen zu müssen. Das Floatarium ist eine übergroße, geschlossene Badewanne, in der Sie völlig von der Außenwelt isoliert sind: Man kann nichts hören und auch nichts sehen. Das Floatarium wird u. a. eingesetzt:

- Zum Stressabbau
- Zur Normalisierung des Blutdrucks
- Zur Schmerzlinderung
- Bei depressiven Verstimmungen
- Zur Stärkung des Immunsystems
- Zur Unterstützung des Heilungsprozesses
- Zur Verletzungsprävention durch muskuläre Tiefenentspannung (Sport)
- Zur Gewichtsreduktion bei Übergewicht
- Als Begleitmaßnahme bei Suchtproblemen
- Zur Leistungssteigerung

info

Das Floatarium ist eine Weiterentwicklung des so genannten Samadhi-Tanks. Für diese Form des Solebads wird reines Natursalz (am besten Kristallsalz) verwendet, wodurch sich der Körper energetisch in dem Frequenzspektrum befinden soll, das seinem Ursprungszustand entspricht.

Heilstollen

Speläotherapie nennt man die Behandlung von Atemwegserkrankungen in Naturhöhlen oder in stillgelegten Bergwerksstollen. Es handelt sich um eine Sonderform der Klimaanwendung – nämlich eine Klimaanwendung unter Tage.

In mehreren Kurorten gibt es mittlerweile Heilstollen. Im Salzbergwerk Berchtesgaden wurde diese Art der Klimatherapie schon Anfang der 1980er Jahre erprobt. 1990 wurde dann ein neuer Stollen in den Berg gefräst, der nicht der Salzgewinnung, sondern der Gesundheit dienen sollte. Entstanden ist so ein Heilstollen, der vor allem von Patienten mit Erkrankungen der oberen Atemwege (z. B. Bronchitis, Asthma bronchiale, allergische Schnupfenformen) genutzt wird. Er ist 850 Quadratmeter groß, besitzt eine Luftfeuchtigkeit von 75 bis 90 Prozent mit einem Salzgehalt von 0,006 Milligramm/ Quadratmeter und einem extrem niedrigen Staubgehalt von 0,1 Milligramm/Quadratmeter (durch die natürliche Filterung des Luftstroms). In stimmungsvoller Atmosphäre mit einem plätschernden Solebrunnen im Zentrum des Stollens atmen die Benutzer entspannt schadstofffreie, extrem staubarme, salzhaltige Luft ein. Bereits nach einer dreiwöchigen Spezialkur treten deutliche Verbesserungen bei Symptomen wie Husten, Auswurf und Atemnot ein.

Der Kristallsalz-Ionisator

Die heilkräftigen Effekte der Speläotherapie (Heilstollentherapie) macht sich der so genannte Kristallsalz-Ionisator zunutze, den man auch zu Hause anwenden kann. Mit dem Ionisator wird ein- bis dreiprozentige Kristallsole in kleinste Partikel zerstäubt. Diese werden von der Raumluft in Form eines Ionennebels aufgenommen, was zu einem gesunden und angenehmen Raumklima, ähnlich dem Klima in einem Heilstollen im Salzbergwerk, führt.

Nach zwei bis drei Betriebsstunden des Kristallsalz-Ionisators werden in den Räumen entsprechende Ionisationswerte erreicht.

Der Kristallsalz-Ionisator ist im Naturkostfachhandel zu erwerben, wo Sie auch das zu dessen Betrieb notwendige Kristallsalz finden, wenn es nicht im Lieferumfang des Geräts enthalten ist.

Im Allgemeinen muss der Kristallsalz-Ionisator zusammengebaut werden. In seine Schale wird dann eine bestimmte Menge destilliertes Wasser und Kristallsalz gegeben. Halten Sie sich hierbei bitte genau an die Bedienungsanweisungen des jeweiligen Geräts.

Achtung: Verwechseln Sie den Kristallsalz-Ionisator nicht mit einem Wasservernebler. Dieser kann keine Sole ionisieren. Ein Nebler würde überlastet, weil Sole eine höhere Dichte als Wasser aufweist.

Heilstollen zeichnen sich durch hohe Luftfeuchtigkeit und extrem reine Luft aus.

Anwendungen mit Meersalz

Nicht nur Anwendungen mit Kristallsalz können viele Beschwerden lindern oder sogar Erkrankungen heilen, sondern auch Meersalz (teilweise auch Steinsalz) weist gesundheitsfördernde Wirkungen auf. So werden Stoffwechselvorgänge im Verdauungstrakt, im Blut und in den Nieren angeregt.

Meersalzauflage

Bei allen Beschwerden, bei denen Wärme gut tut, eignet sich eine Salzauflage zur Linderung. Mit diesem alten Hausmittel werden behandelt:

- Ohrenentzündung
- Muskelverspannungen
- Wirbelsäulenbeschwerden
- Degenerative Gelenkbeschwerden

Anwendung

- Geben Sie 2 Hand voll Meersalz in 1 Tasse, und verrühren Sie es mit etwas warmem Wasser zu einer pastenförmigen Masse.
- Tragen Sie diese Salzmasse auf die schmerzende Stelle auf, und lassen Sie sie etwa 1 Minute lang einwirken.
- Entfernen Sie die Masse mit warmem Wasser, so dass keine Rückstände bleiben.
- Reiben Sie die behandelte Stelle mit etwas Liniment (in der Apotheke oder im Reformhaus erhältlich) ein.

Warmer Salzwickel

Warme Salzwickel (mit Meersalz oder Steinsalz) haben sich vor allem bei rheumatisch-degenerativen Abnutzungserscheinungen an Gelenken bewährt.

Anwendung

- Breiten Sie ein Leinentuch auf einer Plastikunterlage aus. Es muss so groß sein, dass das ganze Gelenk damit abgedeckt werden kann.
- Setzen Sie einen großen Topf mit 1 Liter Wasser auf, und verrühren Sie 1 Esslöffel Meersalz darin.
- Legen Sie ein anderes Leinentuch in den Topf.
- Sobald das Wasser kocht, holen Sie das Tuch mit einer Kelle heraus.

Im Fachhandel werden auch Fertigprodukte mit Meersalz angeboten, beispielsweise Zahncreme mit Meersalz oder Shampoos mit Meersalz (Letztere auch mit Salz aus dem Toten Meer).

◉ Breiten Sie das etwas abgekühlte Tuch über dem anderen Leinentuch aus, und wickeln Sie die Tücher zusammen mit der Plastikunterlage um das Gelenk.

◉ Lassen Sie den Wickel so lange am Gelenk, wie Sie ihn als angenehm warm empfinden.

Das Fußbad

Ein Fußbad mit Meersalz (Badesalzmischungen gibt es in Apotheke oder Reformhaus) ist bei allen Fußproblemen wohltuend und hilfreich:

◉ Zur Vermeidung von Fußgeruch

◉ Zur Durchblutungsförderung

◉ Zur Förderung der Quellung von Hornhaut, so dass diese leicht entfernt werden kann

◉ Zur Entspannung

Anwendung

◉ Geben Sie 10 bis 20 Gramm Badesalz (aus Apotheke oder Reformhaus) in eine mit warmem Wasser gefüllte Fußwanne.

◉ Baden Sie die Füße etwa 10 Minuten lang.

◉ Sie können die Wirkung verstärken, indem Sie die Füße mit leichtem Druck bürsten.

◉ Nach dem Abtrocknen sollten Sie die Füße mit Fußbalsam, Fußgel oder mit einer Fuß- und Beinlotion sanft einreiben.

Basischer Kompressionswickel

Alle Salzanwendungen können auch mit so genannten basischen Badesalzen durchgeführt werden. Die Anwendung dieser im Kosmetikfachhandel erhältlichen basischen Badesalze hat sich vor allem bei Zellulite (Orangenhaut) in Form eines Kompressionswickels bewährt.

Anwendung

◉ Geben Sie 3 Esslöffel basisches Badesalz in 2 Liter heißes Wasser.

◉ Nehmen Sie Bandagen mit kurzem Zug, und geben Sie die Bandagen etwa 15 Minuten lang ins Salzwasser.

◉ Wringen Sie dann die Bandagen aus, und wickeln Sie sie von oberhalb des Knies über den Po bis zur Hüfte hoch.

◉ Wickeln Sie sich anschließend in ein großes Badehandtuch, und ruhen Sie etwa 60 Minuten lang.

◉ Zum Schluss duschen Sie sich mit Wasser (keine Seife verwenden) ab.

Auch Mischungen von Meersalz und Meeresalgenextrakten für Fußbäder sind in Apotheken und Reformhäusern in Form von Badesalzen erhältlich – eine Kombination, die sehr entspannend wirkt.

Anwendungen mit Totem-Meer-Salz

Die beste Anwendungsmöglichkeit von Salz aus dem Toten Meer besteht natürlich bei einem Kuraufenthalt vor Ort, denn nur dort wirken alle Faktoren zusammen, die die einzigartige Wirkung ausmachen: der Mineraliengehalt des Wassers, die Intensität der Sonnenstrahlung, die Dauerinhalation der mineralien- und salzhaltigen Luft und nicht zuletzt die stressfreie Erholung. Doch wem das nicht möglich ist, der kann auch zu Hause in den Genuss der Heilwirkungen von Salz aus dem Toten Meer kommen. Totes-Meer-Salz hat sich insbesondere bei Hauterkrankungen bewährt, aber auch bei degenerativen Gelenk- und Wirbelsäulenproblemen. Man kann sich damit auch einfach nur wunderbar entspannen.

Mittlerweile überall erhältlich: Badezusätze mit Totem-Meer-Salz.

Entspannungsbad

Im Gegensatz zum Vollbad wird beim Entspannungsbad nur eine geringe Salzkonzentration angewendet, die ein entspanntes Baden ermöglicht. Dieser geringe Sättigungsgrad der Sole ist aber bei einigen Erkrankungen bzw. Beschwerden durchaus auch therapeutisch wirksam, etwa bei:

- Kopfschmerzen
- Stressfolgen
- Leichtem Verlauf von Asthma bronchiale

Anwendung

- Lösen Sie 250 bis 400 Gramm Totes-Meer-Salz in 1 Liter heißem Wasser auf.
- Lassen Sie etwas kaltes Wasser in die Badewanne laufen, und geben Sie die Salzlösung hinein.
- Lassen Sie dann so viel warmes Wasser hinzulaufen, bis ein Vollbad mit 36 bis 37 °C erreicht wird.
- Baden Sie etwa 20 Minuten lang.
- Duschen Sie sich dann mit Wasser ab, und relaxen Sie anschließend noch etwa 60 Minuten lang.

Therapeutisches Vollbad

Mit dem therapeutischen Vollbad können eine ganze Reihe von Erkrankungen und Beschwerden gelindert oder sogar geheilt werden:

- Akne und unreine Haut
- Allergien
- Arthrose

- Atemwegserkrankungen
- Degenerative Wirbelsäulenerkran-
kungen, Hexenschuss und Ischias-
schmerzen
- Ekzeme
- Hautschuppen
- Neurodermitis
- Schuppenflechte
- Unterleibsschmerzen

Anwendung

- Lösen Sie 500 Gramm Totes-
Meer-Salz in 1 Liter heißem Wasser
auf.
- Lassen Sie kaltes Wasser in die
Badewanne laufen, und geben Sie die
Salzlösung hinein.
- Lassen Sie so viel warmes Wasser
hinzulaufen, bis ein Vollbad mit 36
bis 37 °C erreicht wird.
- Baden Sie etwa 20 Minuten lang.
- Duschen Sie sich dann mit Wasser
ab, und ruhen Sie anschließend noch
etwa 60 Minuten lang.

Teilbäder

Immer wenn das Vollbad als zu auf-
wändig, unpraktisch oder auch therapeutisch unerwünscht erscheint,
kann auf das Teilbad zurückgegriffen
werden. Mit dem Teilbad werden

Beschwerden therapiert, die nur an
bestimmten Körperstellen auftreten,
beispielsweise:

- Akne und unreine Haut
- Arthrose
- Ekzeme
- Gelenkbeschwerden

Anwendung

- Geben Sie etwa 250 Gramm
Totes-Meer-Salz in 1 Liter heißes
Wasser, und lösen Sie es darin auf.
(Bei einem Fußbad reichen bereits
70 Gramm Salz aus.)
- Dann füllen Sie ein geeignetes
Behältnis bis auf eine Wassermenge

Entspannung pur: ein Sprudelbad mit Meer-salz.

von 4 bis 8 Litern auf, so dass die Wassertemperatur 36 bis 37 °Grad beträgt.

○ Baden Sie den betroffenen Körperteil darin etwa 20 Minuten lang, und duschen Sie ihn danach mit reinem Wasser ab.

Kompresse

Eine Kompresse ist immer dann sinnvoll, wenn an einer ganz bestimmten Stelle des Körpers eine maximale Wirkung erzielt werden soll. Die Kompresse ist angezeigt bei:

○ Abszessen und Ekzemen
○ Akne und unreiner Haut
○ Arthrose
○ Kopfschmerzen
○ Schuppenflechte

Anwendung

○ Lösen Sie 100 Gramm Totes-Meer-Salz in 1 Liter heißem Wasser auf.

○ Tränken Sie ein entsprechend großes Baumwoll- oder Leinentuch mit der Lösung.

○ Legen Sie das Tuch etwa 5 Minuten lang auf die betroffene Stelle.

○ Erneuern Sie die Kompresse mehrmals.

Totes-Meer-Salz hat einen besonders hohen Anteil an Magnesium, Kalium, Kalzium, Bromid und Hydrogenkarbonat; des Weiteren finden sich relevante Mengen an Eisen, Mangan, Jodid u. a.

Packung mit Totem-Meer-Salz und Heilerde

Das Salz des Toten Meeres enthält große Mengen an Kalzium und Fluorid, die über die Haut aufgenommen werden und so auch in die Knochen gelangen können. Die Anwendung empfiehlt sich bei:

○ Osteoporose
○ Rheumatischen Beschwerden

Anwendung

○ Lösen Sie je 150 Gramm Totes-Meer-Salz und Heilerde in 1 Liter heißem Wasser auf.

○ Geben Sie zu dieser Lösung noch 1 Liter etwas kälteres Wasser zu, so dass die Temperatur der Lösung etwa 37 °C beträgt.

○ Tragen Sie die Lösung mit einem Schwamm oder mit den Händen auf den ganzen Körper oder auf die schmerzenden Stellen auf.

○ Wickeln Sie Leinentücher um die behandelten Stellen.

○ Lassen Sie die Packung 30 Minuten einwirken, und duschen Sie anschließend nur mit Wasser.

○ Es empfiehlt sich, die Haut nach der Anwendung mit neutraler Creme oder mit Öl zu massieren.

Massageöl mit Totem-Meer-Salz

Eine sehr direkte und lokal gut wirksame Anwendung ist die Massage mit Öl, das Totes-Meer-Salz enthält. Die Massage empfiehlt sich bei:

- Unterleibsschmerzen
- Beschwerden vor der Periode
- Zellulite

Anwendung

- Lösen Sie 150 Gramm Totes-Meer-Salz im Wasserbad mit 2 Esslöffeln neutralem Massageöl (z. B. Mandel- oder Jojobaöl) auf.
- Verrühren Sie diese Mischung mit weiteren 150 Millilitern Öl.
- Tragen Sie das Öl dünn auf, und massieren Sie die betroffene Stelle.

Bauchbinde

Eine Bauchbinde ist überaus entspannend bei:

- Unterleibsschmerzen
- Krampfartigen Menstruationsbeschwerden

Anwendung

- Lösen Sie ungefähr 150 Gramm Totes-Meer-Salz in 1 Liter heißem Wasser auf.
- Tränken Sie ein Baumwolltuch in der Lösung, und wringen Sie es gut aus.
- Legen Sie das Tuch auf den Bauch, und geben Sie darauf eine Wärmflasche.
- Beenden Sie die Anwendung nach etwa 30 Minuten, wenn auch das Tuch etwas erkaltet ist.

info

Bei unklaren Bauchbeschwerden, etwa bei Verdacht auf Gallenkolik, dürfen Sie keine warmen Bauchbinden anwenden. Rufen Sie dann den Arzt!

Luftbefeuchtung

Bei bestimmten Erkrankungen und Beschwerden kann eine Linderung schon allein durch das Einatmen oder durch die Aufnahme über die Augenschleimhäute von in der Luft schwebenden Partikelchen erreicht werden. Es handelt sich vor allem um:

- Allergien (Pollenallergie)
- Kopfschmerzen und Migräne
- Atemwegserkrankungen

Anwendung

- Geben Sie etwa 100 Gramm Totes-Meer-Salz in 1 Liter heißes Wasser, und lösen Sie es darin auf.
- Lassen Sie das Wasser verdunsten, indem Sie es immer wieder erhitzen.

Im Winter kann die Verdunstung unterstützt werden, indem Sie den Topf mit der Toten-Meer-Salz-Lösung auf einen Ofen oder Heizkörper stellen.

Impressum

Der W. Ludwig Buchverlag ist ein Unternehmen der Econ Ullstein List Verlag GmbH & Co. KG, München. © 2002 Econ Ullstein List Verlag GmbH & Co. KG, München

Redaktion und Projektleitung: Dr. Elfi Ledig

Redaktionsleitung und medizinische Fachberatung: Dr. med. Christiane Lentz

Bildredaktion: Gabriele Feld

Produktion: Manfred Metzger (Leitung), Annette Aatz, Monika Köhler

Umschlag: Reinhard Soll

DTP/Satz: Wendelin Lomeg

Druck: Weber Offset, München

Bindung: R. Oldenbourg, München

Printed in Germany

Gedruckt auf chlor- und säurearmem Papier

ISBN 3-7787-5069-0

Über die Autorinnen

Hannelore Fischer-Reska zählt zu den bekanntesten Heilpraktikerinnen Deutschlands. Die Spezialistin für Immunsystem- und Viruserkrankungen hilft ihren Patienten mit bewährten Heilmethoden, etwa mit Akupunktur, Kinesiologie, Phytotherapie und Colon-Hydro-Therapie. Hannelore Fischer-Reska hat eine Gastprofessur an der Universität in Colombo/Sri Lanka.

Dr. Nicole Schaenzler studierte Germanistik und Psychologie. Sie arbeitet als Journalistin und Fachautorin und ist Chefredakteurin einer Zeitschrift im Gesundheits- und Wellnessbereich. Im Südwest Verlag und im Ludwig Verlag sind von ihr u. a. erschienen: »Vital und gesund durch Bitterstoffe«, »Positiv Training« und zuletzt das große Nachschlagewerk »Wörterbuch der Medizin«.

Tipp von VITALMIND AG

Sie wollen noch mehr Informationen ? Zu »Bitterstern«, Nahrungsergänzungsmitteln und Seminaren mit der Autorin Hannelore Fischer-Reska? Diese erhalten Sie im Internet unter:
www.vitalmind.net sowie info@vitalmind.net
Tel.: +41 (0) 62 95/66 88 0, Fax: +41 (0) 62 95/66 88 9

Bezugsquellen

Geräte für levitiertes Wasser: Gmelin Vertriebs GmbH, Erlinger Höhe 9, 82346 Andechs, Tel.: 0 81 52/40 19 3 / Kristallklar, Thomas Ammon, Moorweg, 24640 Schmalfeld, Tel.: 0 41 91/95 39 22, Fax: 0 41 91/95 39 23, E-Mail: bestellen@kristallklar.de
Plocher Energie System: Plocher Energie System GmbH, Torenstraße 26, 88709 Meersburg, Tel.: 0 75 32/43 33 0, Fax: 0 75 32/43 33 10, E-Mail: energiesystem@plocher.de
Trinkwasser nach Grander: U.V.O. Vertriebs KG, Kocheler Straße 101, 82418 Murnau, Tel.: 0 88 41/67 67 0, Fax: 08841/67 67 67, Internet: www.grander.com
Bücher von Dr. Masaru Emoto: Koha Verlag GmbH, Almstraße 4, 84424 Burgrain, Tel.: 0 80 83/14 43, Fax: 0 80 83/94 16, E-Mail: koha-verlag@t-online.de
Kristallsalz: NaturGut GmbH, Tuskulumweg 22, 79837 St. Blasien, Tel.: 0 76 72/93 16 12, Fax: 0 76 72/93 16 20, E-Mail: info@naturgut.de

Hinweis

Das vorliegende Buch ist sorgfältig erarbeitet worden. Dennoch erfolgen alle Angaben ohne Gewähr. Weder Autorinnen noch Verlag können für eventuelle Nachteile oder Schäden, die aus den im Buch gemachten praktischen Hinweisen resultieren, eine Haftung übernehmen.

Bildnachweis

all over, Kleve: U2/U3, 24 (A. Brod), 34 (J. Lamtelmé), 63 (F. Jendrejwski); Dr. Alescha Birkenholz, München: U4 u.; Kur- und Verkehrsverein Bad Reichenhall/Bayerisch Gmain: 69 (Mario Grechi), 70 (foto design); Corbis Stockmarket, Düsseldorf: Titel (J. Cummis); Gettyone Stone, München: 31 (E. Simpson), 39 (C. Wilhelm); Image Bank, München: 27 (P. O'Hara), 58 (P. Kelly); Jump, Hamburg: 65, 91 (K. Vey), 75 (A. Falck); Koha Verlag, Burgrain: 28 (2x), 29 (M. Emoto); Kurdirektion des Berchtesgadener Landes: 87 (G. Kaiser); Laif, Köln: 8 (C. Emmler), 66 (A. Krause), 76 (S. Bungert); Ofenstein Inge, München: 1, 52, 78; Südwest Verlag, München: 4, 85 (S. Sperl), 44 (N. Gotovac), 51 (A. Endress), 54 (I. Eitel), 82 (K. Vey), 90 (C. Kargl); Zefa, Düsseldorf: 6 (Sagel & Kranefeld), 10, 21 (A. Allofs), 17, 40 (Benelux), 35 (Leidorf), 37 (Steeger), 47 (Creasource)

Register

W. Ludwig Buchverlag
3. Auflage, München 2002
durchgehend vierfarbig, Broschur
ISBN 3-7787-3705-8

W. Ludwig Buchverlag
4. Auflage, München 2002
durchgehend vierfarbig, Broschur
ISBN 3-7787-3821-6

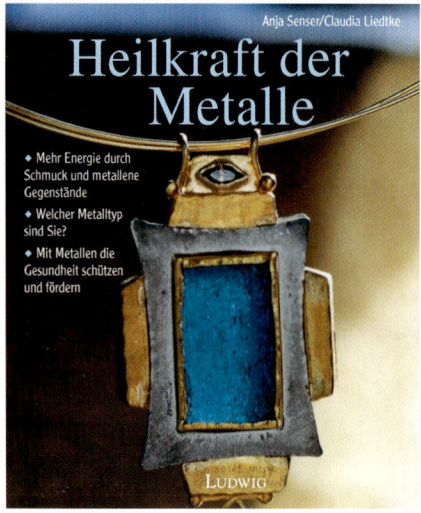

W. Ludwig Buchverlag
München 2001
durchgehend vierfarbig, Broschur
ISBN 3-7787-3944-1

W. Ludwig Buchverlag
München 2002
durchgehend vierfarbig, Broschur
ISBN 3-7787-5082-8